JÚLIO CÉSAR

Obras do autor na Coleção **L&PM** POCKET:

As alegres matronas de Windsor – Trad. de Millôr Fernandes
Antônio e Cleópatra – Trad. de Beatriz Viégas-Faria
Bem está o que bem acaba – Trad. de Beatriz Viégas-Faria
A comédia dos erros – Trad. de Beatriz Viégas-Faria
Como gostais / Conto de inverno – Trad. de Beatriz Viégas--Faria
Hamlet – Trad. de Millôr Fernandes
Henrique V – Trad. de Beatriz Viégas-Faria
Júlio César – Trad. de Beatriz Viégas-Faria
Macbeth – Trad. de Beatriz Viégas-Faria
Medida por medida – Trad. de Beatriz Viégas-Faria
A megera domada – Trad. de Millôr Fernandes
O mercador de Veneza – Trad. de Beatriz Viégas-Faria
Muito barulho por nada – Trad. de Beatriz Viégas-Faria
Noite de Reis – Trad. de Beatriz Viégas-Faria
Otelo – Trad. de Beatriz Viégas-Faria
O rei Lear – Trad. de Millôr Fernandes
Ricardo III – Trad. de Beatriz Viégas-Faria
Romeu e Julieta – Trad. de Beatriz Viégas-Faria
Shakespeare de A a Z (Livro das citações) – Org. de Sergio Faraco
Sonho de uma noite de verão – Trad. de Beatriz Viégas-Faria
A tempestade – Trad. de Beatriz Viégas-Faria
Tito Andrônico – Trad. de Beatriz Viégas-Faria
Trabalhos de amor perdidos – Trad. de Beatriz Viégas-Faria

Leia também na Coleção **L&PM** POCKET:

Shakespeare – Claude Mourthé (Série Biografias)

WILLIAM SHAKESPEARE

JÚLIO CÉSAR

Tradução de BEATRIZ VIÉGAS-FARIA

www.lpm.com.br

Coleção **L&PM** POCKET, vol. 325

Texto de acordo com a nova ortografia.
Título original: *Julius Caesar*

Primeira edição na Coleção **L&PM** POCKET: julho de 2003
Esta reimpressão: 2022

Capa: Ivan Pinheiro Machado. *Foto*: iStock
Tradução: Beatriz Viégas-Faria
Revisão: Renato Deitos e Jó Saldanha

ISBN: 978.85.254.1262-1

S527j Shakespeare, William, 1564-1616.
      Júlio César / William Shakespeare; tradução de
Beatriz Viégas-Faria. – Porto Alegre: L&PM, 2022.
      144 p. ; 18 cm – (Coleção L&PM POCKET, v. 325)

      1. Ficção inglesa-teatro-tragédias. I. Título. II. Série.

                    CDD 822.33T1-2
                    CDU 820 Shak

Catalogação elaborada por Izabel A. Merlo, CRB 10/329.

© L&PM Editores, 2003
© Para utilização profissional dessa tradução dirigir-se à SBAT
(Sociedade brasileira de autores teatrais)

Todos os direitos desta edição reservados a L&PM Editores
Rua Comendador Coruja, 314, loja 9 – Floresta – 90220-180
Porto Alegre – RS – Brasil / Fone: 51.3225.5777

Pedidos & Depto. Comercial: vendas@lpm.com.br
Fale conosco: info@lpm.com.br
www.lpm.com.br

Impresso no Brasil
2022

WILLIAM SHAKESPEARE
(1564-1616)

WILLIAM SHAKESPEARE nasceu em Stratford-upon-Avon, Inglaterra, em 23 de abril de 1564, filho de John Shakespeare e Mary Arden. John Shakespeare era um rico comerciante, além de ter ocupado vários cargos da administração da cidade. Mary Arden era oriunda de uma próspera família. Pouco se sabe da infância e da juventude de Shakespeare, mas imagina-se que tenha frequentado a escola primária King Edward VI, onde teria aprendido latim e literatura. Em dezembro de 1582, Shakespeare casou-se com Anne Hathaway, filha de um fazendeiro das redondezas. Tiveram três filhos.

A partir de 1592, os dados biográficos são mais abundantes. Em março, estreou no Rose Theatre de Londres uma peça chamada *Harry the Sixth*, de muito sucesso, que foi provavelmente a primeira parte de *Henrique VI*. Em 1593, Shakespeare publicou seu poema *Vênus e Adônis* e, no ano seguinte, o poema *O estupro de Lucrécia*. Acredita-se que, nessa época, Shakespeare já era um dramaturgo (e um ator, já que os dramaturgos na sua maior parte também participavam da encenação de suas peças) de sucesso. Em 1594, após um período de poucas montagens em Londres, devido à peste, Shakespeare juntou-se à trupe de Lord Chamberlain. Os dois mais célebres dramaturgos do período, Christopher Marlowe (1564-1593) e Thomas Kyd (1558-1594), respectivamente autores de *O judeu de Malta* e *Tragédia espanhola*, morreram por esta época, e Shakespeare encontrava-se pela primeira vez sem rival.

Os teatros de madeira elisabetanos eram construções simples, a céu aberto, com um palco que se projetava à frente, em volta do qual se punha a plateia, de pé. Ao fundo, havia duas portas, pelas quais atores entravam e saíam. Acima, uma sacada, que era usada quando tornava-se necessário mostrar uma cena que se passasse em uma ambientação secundária. Não havia cenário, o que abria toda uma gama de versáteis possibilidades, já que, sem cortina, a peça começava quando entrava o primeiro ator e terminava à saída do último, e simples objetos e peças de vestuário desempenhavam importantes funções para localizar a história. As ações se passavam muito rápido. Devido à proximidade com o público, trejeitos e expressões dos atores (todos homens) podiam ser facilmente apreciados. As companhias teatrais eram formadas por dez a quinze membros e funcionavam como cooperativas: todos recebiam participações nos lucros. Escrevia-se, portanto, tendo em mente cada integrante da companhia.

Em 1594, Shakespeare já havia escrito as três partes de *Henrique VI, Ricardo III, Tito Andrônico*,

Dois cavalheiros de Verona, *Trabalhos de amor perdidos*, *A comédia dos erros* e *A megera domada*. Em 1596, morreu o único filho homem de Shakespeare, Hamnet. Logo em seguida, ele escreveu a primeira das suas peças mais famosas, *Romeu e Julieta*, à qual seguiram-se *Sonho de uma noite de verão*, *Ricardo II* e *O mercador de Veneza*. *Henrique IV*, na qual aparece Falstaff, seu mais famoso personagem cômico, foi escrita entre 1597-1598. No Natal de 1598, a companhia construiu uma nova casa de espetáculos na margem sul do Tâmisa. Os custos foram divididos pelos diretores da companhia, entre os quais Shakespeare, que provavelmente já tinha alguma fortuna. Nascia o Globe Theatre. Também é de 1598 o reconhecimento de Shakespeare como o mais importante dramaturgo de língua inglesa: suas peças, além de atraírem milhares de espectadores para os teatros de madeira, eram impressas e vendidas sob a forma de livro – às vezes até mesmo pirateados. Seguiram-se *Henrique V*, *Como gostais*, *Júlio César* – a primeira das suas tragédias da maturidade –, *Troilo e Créssida*, *As alegres matronas de Windsor*, *Hamlet* e *Noite de Reis*. Shakespeare escreveu a maior parte dos papéis principais de suas tragédias para Richard Burbage, sócio e ator, que primeiro se destacou com *Ricardo III*.

Em março de 1603, morreu a rainha Elisabeth. A companhia havia encenado diversas peças para ela, mas seu sucessor, o rei James, contratou-a em caráter permanente, e ela tornou-se conhecida como

King's Men – Homens do Rei. Eles encenaram diversas vezes na corte e prosperaram financeiramente. Seguiram-se *Bem está o que bem acaba* e *Medida por medida* – suas comédias mais sombrias –, *Otelo*, *Macbeth*, *Rei Lear*, *Antônio e Cleópatra* e *Coriolano*. A partir de 1601, Shakespeare escreveu menos. Em 1608, a King's Men comprou uma segunda casa de espetáculos, um teatro privado em Blackfriars. Nesses teatros privados, as peças eram encenadas em ambientes fechados, o ingresso custava mais do que nas casas públicas de espetáculos, e o público, consequentemente, era mais seleto. Parece ter sido nessa época que Shakespeare aposentou-se dos palcos: seu nome não aparece nas listas de atores a partir de 1607. Voltou a viver em Stratford, onde era considerado um dos mais ilustres cidadãos. Escreveu então quatro tragicomédias, subgênero que começava a ganhar espaço: *Péricles*, *Cimbelino*, *Conto de inverno* e *A tempestade*, sendo que esta última foi encenada na corte em 1611. Shakespeare morreu em Stratford em 23 de abril de 1616. Foi enterrado na parte da igreja reservada ao clero. Escreveu ao todo 38 peças, 154 sonetos e uma variedade de outros poemas. Suas peças destacam-se pela grandeza poética da linguagem, pela profundidade filosófica e pela complexa caracterização dos personagens. É considerado unanimemente um dos mais importantes autores de todos os tempos.

JÚLIO CÉSAR

Apresentação
A História Antiga, segundo William Shakespeare

Júlio César foi a primeira das peças de Shakespeare a tratar da história romana, escrita provavelmente em 1599. Quatro personagens principais, todos os quatro profundamente ambíguos, contraditórios, ocupam o centro do drama. Os leitores estão convidados a encontrar nas palavras do bardo inglês os indícios sutis da riqueza psicológica de cada um: César, Brútus, Cássio, Antônio.

Júlio César, mesmo que recusando-se a ser coroado imperador, refere-se a si mesmo na terceira pessoa; afirma sua aversão a bajuladores àquele que é seu maior bajulador; acredita em vaticínios, mas crê ser mais poderoso que qualquer profecia. Curiosamente, não é ele o herói dramático da peça. Essa honra cabe a Brútus, e Shakespeare brinda o público com um homem que sofre intensamente por haver traído, pois privilegiou o bem geral da nação em detrimento de sua fiel amizade a César; sofre pelo erro trágico e ingênuo de haver acreditado que Antônio sem César não teria força política; sofre com a ideia de que outros conspiradores possam ter assassinado César por motivos pessoais – "O grande Júlio não sangrou em nome da justiça? Quem foi o vilão que tocou-lhe o corpo e apunhalou-o se não por justiça?

Por que, se não para sustentar ladrões, iria um de nós, que atacamos o mais importante líder deste mundo, contaminar os dedos com propinas infames e vender nossos altos cargos de largas honras por tanto vil metal quanto pudessem as suas munhecas agarrar? Eu preferiria ser um cachorro e latir para a lua que ser esse romano".

Os ânimos são acirrados ou apaziguados pelas palavras de hábeis retóricos. Shakespeare nesta peça demonstra o poder do discurso. O povo segue quem está com a palavra e com ela tece argumentos lógico-dedutivos – mesmo quando a nova conclusão é contrária a ideias anteriormente aceitas. Afinal, o povo ama César por seu valor de líder político e general vitorioso ou o povo reconhece nele um execrável tirano em potencial?

A peça costuma ser admirada pela construção psicológica de suas personagens, pela arquitetura cuidadosa dos diálogos no desenvolvimento da tensão que leva um grupo de respeitáveis cidadãos romanos a conspirar para um assassinato que resultará em uma guerra civil.

Beatriz Viégas-Faria

PERSONAGENS:

Júlio César

Marcos Brútus	
Caio Cássio	
Caska	
Décio Brútus	conspiradores contra
Cinna	Júlio César
Mételus Címber	
Trebônio	
Caio Ligário	

Otávio César	
Marco Antônio	triúnviros após a morte de
Lépidus	Júlio César

Calpúrnia, esposa de César
Pórtia, esposa de Brútus
Lúcio, criado pessoal de Brútus

Cícero	
Públio	Senadores
Popílio Lena	

Murilo	Tribunos
Flávio	do povo

Cinna, um poeta

Lucílio	conspiradores juntamente
Titínio	com Brútus e Cássio
Messala	e oficiais de seu exército

O jovem Catão

Varrão	
Cláudio	
Clito	soldados de Brútus e Cássio
Estrato	
Dardânio	
Volúnio	

Píndaro
Artemidoro
Um carpinteiro
Um sapateiro
Um poeta
Um adivinho
Um criado de César
Um criado de Antônio
Um criado de Otávio
Um mensageiro

5 plebeus
3 soldados do exército de Brútus
2 soldados do exército de Antônio

O fantasma de César

Cidadãos, soldados e outros

CENÁRIO: Roma; as redondezas de Sardes; Campos de Filipos.

PRIMEIRO ATO

CENA I
Roma. Uma rua.

[Entram Flávio, Murilo e alguns Cidadãos, que tomam conta do palco.]

Flávio – Fora daqui! Para casa, vocês, criaturas ociosas, vão para casa! É feriado, hoje, por acaso? Ora, não sabem os senhores (artesãos, trabalhadores braçais) que não devem andar por aí, num dia de trabalho, sem o emblema de sua profissão? Fala, tua ocupação, qual é?

Carpinteiro – Sou carpinteiro, meu senhor.

Murilo – Onde está teu avental de couro, e tua régua? O que estás fazendo, vestido em tuas melhores roupas? E você, senhor, qual a sua ocupação?

Sapateiro – Na verdade, senhor, no que diz respeito a um excelente artífice, sou nada além daquilo que o senhor chamaria de um sapateiro.

Murilo – Mas qual é tua ocupação? Responda-me de maneira direta.

Sapateiro – Uma ocupação, senhor, que espero poder dela ocupar-me de sã consciência, pois de fato sou, meu senhor, um remendão a serviço das criaturas de pisantes arruinados.

Flávio – Que ocupação é a tua, seu tratante? Seu patife impertinente, que ofício é o teu?

Sapateiro – Mas, não, senhor, eu lhe peço, não se exalte por minha causa. E, contudo, se o senhor está de ânimo excitado, posso emendar isso e remendo o senhor.

Murilo – O que queres dizer com isso? Remendar-me, tu, um camarada assim esquentado?

Sapateiro – Ora, senhor, renovando-lhe os pisantes, acasalando sola velha com sola nova.

Flávio – Tu és um sapateiro, então?

Sapateiro – Na verdade, senhor, vivo às custas de minha sovela. Armado de minha ferramenta, não me meto em questão de trabalhadores, tampouco em questões de mulher. Por outro lado, com meu furador, sou cirurgião de tudo quanto é couro velho e gasto; quando muito necessitados, eu os restauro. Qualquer homem bem-apanhado que pise em couro de vaca já passou por minhas mãos.

Flávio – Mas como se explica que não estejas em tua oficina hoje? Por que estás à frente desses homens pelas ruas?

Sapateiro – Na verdade, senhor, para que se gastem os sapatos deles, para que eu tenha mais trabalho. Mas, de fato, senhor, não estamos trabalhando hoje que é para ver César e celebrar seu triunfo.

Murilo – Por que celebrar? Que pilhagens de guerra o trazem de volta para casa? Que tributários seguem-no até Roma para enfeitar com correntes de escravos as rodas de sua biga? Vocês são umas portas, umas paredes, piores mesmo que coisas insensíveis! Vocês, coração duro, homens cruéis de Roma, vocês não conheciam Pompeu? Quantas e quantas vezes vocês não subiram muros e muralhas, até as ameias e torres e janelas, sim, e mesmo até o topo das chaminés, levando seus filhos no colo, e lá se sentaram por um dia inteiro, em paciente expectativa, para ver o grande Pompeu passar pelas ruas de Roma? E, quando vocês finalmente avistavam a biga que o trazia, não gritavam os senhores em uníssono, de tal modo que as águas do Tibre chegavam a estremecer sob suas margens, só para escutarem, desses seus vivas, a réplica que nascia de suas praias côncavas? E agora os senhores vestem-se com seus melhores trajes? E agora os senhores fazem um feriado? E agora os senhores espalham flores no caminho daquele que chega triunfante por ter pisado no sangue dos Pompeus? Saiam daqui! Já para suas casas, e caiam de joelhos e rezem, para que os deuses suspendam a praga que precisa abater-se sobre a ingratidão dos senhores.

Flávio – Vão, vão, meus bons compatriotas, e, por essa falta, reúnam todos os pobres homens de sua laia. Levem-nos até as margens do Tibre e derramem suas lágrimas no canal, até que a mais rasa água venha beijar o barranco mais pronunciado.

[Saem os Cidadãos.]

Veja se não se desmancha o metal barato de que se faz o ânimo deles. Desaparecem, com a língua atada por seu sentimento de culpa. Vá você por aí, em direção ao Capitólio. Eu vou por aqui. Despe as imagens, se encontrá-las cobertas de homenagens.

MURILO – E podemos fazer isso? Você sabe que hoje é dia das Lupercais.*

FLÁVIO – Não importa. Não deixe imagem alguma ser ornamentada com os troféus de César. Vou dar uma caminhada que é para tirar o populacho das ruas. Faça isso você também, onde quer que os aviste em ajuntamentos. Essas plumas incipientes que se arrancam das asas de César vão fazê-lo alçar voo de altura normal, pois do contrário ele voa acima da visão dos homens e mantém-nos a todos em tímida servidão.

[Saem.]

---

* Festival romano em homenagem a Luperco (protetor dos rebanhos e patrono da agricultura), realizado a cada 15 de fevereiro. Jovens romanos corriam no monte Palatino, tocando com tiras de couro os que encontravam em seu caminho, mas principalmente as mulheres, pois esse era um ritual de fertilidade. (N.T.)

CENA II
Roma. Um local público.

[Entram César, Antônio e, em procissão, Calpúrnia, Pórtia, Décio, Cícero, Brútus, Cássio, Caska, um Adivinho; depois deles, Murilo e Flávio.]

César – Calpúrnia.

Caska – Silêncio, todos! César está com a palavra.

César – Calpúrnia.

Calpúrnia – Aqui estou, meu senhor.

César – Coloque-se diretamente no caminho de Antônio, quando ele vier correndo. – Antônio.

Antônio – César, meu senhor.

César – Não esqueça, em sua corrida, Antônio, de tocar Calpúrnia, pois dizem os nossos anciãos que aquelas que não engravidam, se tocadas nessa corrida sagrada, livram-se da maldição de sua esterilidade.

Antônio – Não esquecerei. Quando César diz: "Faça isso", isso é feito.

César – Podem dar a largada, e que se cumpram todas as etapas da cerimônia.

[Música.]

Adivinho – César!

César – Ah! Quem me chama?

Caska – Peço-vos que todos os barulhos se aquietem. Silêncio, mais uma vez!

CÉSAR – Quem, na multidão aglomerada, chama por meu nome? Ouço uma voz, mais aguda que toda esta música que se ouve, gritar "César!" Fala. César vai te ouvir com atenção.

ADIVINHO – Acautele-se nos meados de março.

CÉSAR – Quem é esse homem?

BRÚTUS – Um adivinho pede-lhe que se acautele nos meados de março.

CÉSAR – Traga-o à minha presença. Quero ver-lhe a cara.

CÁSSIO – Meu caro, saia da multidão. Erga os olhos para César.

CÉSAR – O que estás me dizendo? Fala de novo.

ADIVINHO – Acautele-se nos meados de março.

CÉSAR – O homem está sonhando. Vamos deixá-lo para lá. Passe adiante.

[Toque de clarins.]
[Saem todos, menos Brútus e Cássio.]

CÁSSIO – Você vai assistir à instrução da corrida?

BRÚTUS – Eu não.

CÁSSIO – Eu lhe peço que vá.

BRÚTUS – Não sou um aficionado por jogos. Falta em mim parte daquele espírito alegre e veloz que está em Antônio. Não me deixe ficar no caminho, Cássio, de sua vontade. Eu me retiro.

CÁSSIO – Brútus, eu o tenho observado ultimamente. E não recebo, de seus olhos, aquela antiga suavidade e a prova de amor a que eu estava acostumado. Você estende para este seu amigo que lhe tem amor mãos firmes demais, e distantes demais.

Brútus – Cássio, não se deixe enganar. Se tenho dissimulado o meu olhar, é porque as preocupações em minha fisionomia estão voltadas todas para mim mesmo. Incomodado estou, nestes últimos tempos, com sentimentos um tanto contraditórios, concepções que apenas a mim são pertinentes e que tanto mancham quanto talvez possam absolver o meu comportamento. Mas que não se ofendam com isso os meus bons amigos (entre os quais está você, Cássio), e que não fiquem imaginando coisas por causa de minha negligência. Acontece apenas que Brútus, coitado, em guerra consigo mesmo, esquece de demonstrar o seu amor a outros homens.

Cássio – Então, Brútus, interpretei muito equivocadamente os seus afetos, e foi por isso que este meu peito enterrou pensamentos de grande valor, cogitações de respeito. Diga-me, meu bom Brútus, pode você enxergar sua face?

Brútus – Não, Cássio, pois o olho não vê a si mesmo, a não ser pelo reflexo, em alguma outra coisa.

Cássio – Exato. E lamenta-se deveras, Brútus, que você não tenha espelhos tais que venham revelar a seus olhos o seu verdadeiro e oculto mérito, para que você pudesse ver sua sombra. Já escutei muitos dos homens mais importantes de Roma (à exceção do imortal César) falando de Brútus e, gemendo sob o jugo de nossos tempos, desejando que o nobre Brútus pudesse enxergar com os seus olhos.

Brútus – A que perigos você quer me conduzir, Cássio, que para tanto queres me ver procurando dentro de mim aquilo que em mim não está?

Cássio – Quanto a isso, meu bom Brútus, prepare-se para ouvir-me. E, uma vez que você sabe que não tem como ver a si próprio se não por um reflexo, eu me encarrego, sem exageros, de descobrir o seu espelho perante você mesmo e, para você mesmo, a parte de você que ainda lhe é desconhecida. Não fique desconfiado de mim, gentil Brútus. Se de mim todos se rissem, ou se eu aviltasse com juras de bêbado o meu amor a cada novo proponente; se você ouviu falar que adulo os homens e abraço-os com força, para depois caluniá-los; ou se você ouviu falar que me misturo com a ralé, banqueteando--me com eles como se amigos fossem, então, sim, considere-me perigoso.

[Fanfarras, aclamações.]

Brútus – O que significa essa gritaria? Receio que o povo escolha César para rei.

Cássio – Ah, então receias isso? Devo, portanto, pensar que não é esse o seu desejo.

Brútus – Não, Cássio, não é esse o meu desejo, e no entanto eu amo César. Mas por que você me segura aqui tanto tempo? Você quer me participar algo: o quê? Se é coisa para o bem-estar geral, coloca-me a honra diante de um dos olhos, a morte diante do outro, e a ambas fitarei com igual indiferença. Que me favoreçam os deuses, pois, mais do que temer a morte, eu amo o renome que a honra dá.

CÁSSIO – Sei bem que essa virtude está em você, Brútus, tanto quanto sei de sua aparência física. Pois bem, honra é o assunto de minha conversa. Não sei dizer o que você e outros homens pensam desta vida; mas, no que se refere à criatura que sou eu, de bom grado escolheria a morte a viver curvando-me diante de coisa comigo parecida. Nasci livre como César, e você também. Sentimos na boca os prazeres da carne, nós dois, tão bem quanto ele. E podemos suportar o frio do inverno, nós dois, tão bem quanto ele. Houve uma vez, em dia frio de temporal, em que, estando as águas do Tibre esfregando-se em seus barrancos, César me disse: "Tu tens coragem agora, Cássio, de atirar-te comigo nesse aguaceiro furioso e nadar até aquele ponto lá mais adiante?" No que ele falou, vestido como eu estava, mergulhei e convidei-o a me seguir, o que, deveras, ele fez. A torrente rugia, e nós atacávamos para nos defender, os nossos tendões vigorosos, empurrando as águas, abrindo caminho, nossos corações beligerantes. Mas, antes que pudéssemos chegar ao ponto combinado, César gritou: "Ajuda-me, Cássio, que estou me afogando!" Eu, como Eneias, nosso glorioso ancestral, que das chamas de Troia retirou em seus ombros o velho Anquises, das águas do Tibre tirei eu o César cansado. E esse homem agora está transformado em um deus, e Cássio é uma criatura miserável e deve fazer mesuras enquanto César se muito dirige-lhe um cumprimento num casual gesto de cabeça. Pegou ele uma febre quando esteve em Espanha, e, durante um de seus acessos, pude observar como ele tremia. É verdade, esse deus treme: seus lábios covardes fugiram-lhe da cor, e esse mesmo olhar, cuja intenção intimida e inspira o medo e controla o mundo, perdeu o brilho. Escutei como ele gemia. Sim, e a mesma língua que pediu aos romanos que lhe prestassem atenção e articulou discursos que estão nos livros de todos, agora gritava: "Ai de mim, dá-me de beber, Titínio", como grita uma mocinha doente. Por todos os deuses, surpreende-me que um homem de tão frágil disposição deva assim mesmo ter prioridade neste majestoso mundo e carregar sozinho a palma da vitória.

[Aclamações, fanfarras.]

BRÚTUS – Outra gritaria geral? Acredito que esses aplausos sejam por algumas novas honras que se empilham sobre César.

CÁSSIO – Ora, homem, ele monta neste mundo estreito como um colosso, e nós, homens menores, caminhamos debaixo de suas gigantescas pernas e espiamos à volta, no intento de encontrar para nós mesmos túmulos desonrados. Os homens, em algum momento, são donos de seus destinos. O erro, meu caro Brútus, não está em nossas estrelas, mas em nós mesmos, pois que somos seres inferiores. "Brútus" e "César"; mas o que há neste nome, "César"? Por que deveria ressoar mais que o seu? Escreva os dois juntos; o seu é nome igualmente belo. Pronuncie-os, e eles cabem na boca igualmente bem. Pese-os, e eles têm o mesmo peso. Use-os para invocar espíritos, e "César" não será mais rápido que "Brútus". Agora, em nome de todos os deuses que há, de que carne alimenta-se esse nosso César para ter crescido a tais proporções? Tempo de hoje, como estais degradado! Roma, esquecestes de procriar machos de sangue nobre! Quando foi que se passou um outro tempo, desde o grande dilúvio, que tivesse ficado famoso por um único homem? E agora temos, nesta idade, uma Roma que é cidade, e nela há somente um homem. Claro, você e eu escutamos de nossos pais que houve uma vez um Brútus que teria aguentado o fogo perpétuo do inferno como se fosse um rei para manter sua posição em Roma.

BRÚTUS – Que você me tem amor, disso eu não duvido. Para onde você está me empurrando, isso eu posso imaginar. O que penso disso e de nossos tempos, eu lhe contarei mais tarde. Por ora, não desejo ser incitado a mais, e isso eu lhe peço encarecidamente, pelo amor que lhe tenho. Levarei em consideração o que você disse; o que mais tiver a dizer, eu escutarei com paciência, e acharei uma hora conveniente a nós dois para ouvir e responder a tão sérias questões. Até lá, meu nobre amigo, vá ruminando sobre o seguinte: Brútus preferiria ser um aldeão a ter de chamar-se um filho de Roma, dadas as difíceis condições que os tempos de hoje vão preparando para nós.

Cássio – Fico feliz em saber que minhas fracas palavras atearam nem que seja essa pequena demonstração de fogo em Brútus.

[Entram César e seu Séquito.]

Brútus – Os jogos terminaram, e César está voltando.

Cássio – Quando eles estiverem passando por aqui, puxe Caska pela manga, e ele, em seu usual estilo azedo, contará tudo o que, digno de nota, se passou hoje.

Brútus – Farei isso. Mas olhe lá, Cássio, a marca irada brilha na testa de César, e todos os outros formam um Séquito admoestado. Está pálida a face de Calpúrnia, e Cícero apresenta tal vermelhidão no rosto e tem os olhos tão estreitos e abrasados como se estivesse no Capitólio contrariando-se em conferência com alguns senadores.

Cássio – Caska nos dirá o que houve.

César – Antônio.

Antônio – César.

César – Faze com que me rodeiem homens que são gordos, de cara lustrosa, e homens que dormem à noite. Ali temos Cássio, com uma aparência magra e esfaimada; ele pensa demais; homens assim são perigosos.

Antônio – Não o tema, César, ele não é perigoso. É um nobre romano, e bem intencionado.

César – Gostaria que ele fosse menos magro! Mas não tenho medo dele, não. E, no entanto, se no nome de César coubesse medo, não sei de outro homem que eu devesse evitar mais do que esse esquálido Cássio. Ele lê demais, é um grande observador, e enxerga por trás das ações dos homens. Não ama o teatro como tu, Antônio; ele não ouve música. Raramente sorri, e sorri de um jeito que é como se estivesse zombando de si mesmo e desprezando sua alma por ela ter se comovido a ponto de sorrir de alguma coisa. Homens como ele jamais têm o coração tranquilo enquanto têm a sua frente alguém maior e, portanto, são muito perigosos. Na verdade, estou te falando sobre o que se deve temer, e não sobre o que eu temo, pois sou sempre César. Coloca-te à minha direita, pois deste ouvido sou surdo, e dize-me verdadeiramente o que pensas dele.

[Toque de clarins.]
[Saem César e seu Séquito.]

Caska – O senhor me puxou pela toga. Deseja falar comigo?

Brútus – Sim, Caska. Diga-nos o que aconteceu hoje, que César está assim tão sério.

Caska – Ora, o senhor esteve com ele, não esteve?

Brútus – Eu não estaria então perguntando a Caska o que aconteceu.

Caska – Ora, teve uma coroa oferecida a ele; no que ela foi ofertada, ele a empurrou de lado, com as costas da mão, assim, e daí que o povo todo caiu num berro só.

Brútus – E o que foi a segunda barulheira?

Caska – Ora, foi por isso também.

Cássio – Eles gritaram três vezes; por que foi a última aclamação?

Caska – Ora, foi por isso também.

Brútus – Ofereceram a ele a coroa três vezes?

Caska – Sim, deveras, foi isso, e ele a empurrou de lado três vezes, cada vez com menos força que a outra; e cada vez que ele empurrava a coroa, meus bons e honestos vizinhos gritavam.

Cássio – Quem ofereceu a ele a coroa?

Caska – Ora, Antônio.

Brútus – Conte-nos de que modo, meu nobre Caska.

Caska – Podem me enforcar se sei dizer de que modo foi. Foi, isso sim, uma palhaçada, e eu não prestei atenção. Vi Marco Antônio oferecer a César uma coroa (mas também não era uma coroa, era um desses diademas), e, como eu já disse, ele logo empurrou de lado; mas, apesar disso, penso eu, ele bem que gostaria de ter aceitado. Daí ele ofereceu de novo para ele; daí ele empurrou de lado de novo; mas, penso eu, ele ficou bem relutante de tirar os dedos da coroa. E daí que ele ofereceu pela terceira vez; ele empurrou pela terceira vez; e sempre que ele recusava a coroa, aquela horda berrava e batia palmas com suas mãos lanhadas e jogava para o alto seus suados gorros de dormir e pronunciava tamanhas fedentinas porque César tinha recusado a coroa que elas quase asfixiaram César, porque ele desmaiou e caiu. E eu de minha parte nem me atrevi a rir, com medo de abrir a boca e entrar nela aquele ar fedido, cuspido de tanto palavrório.

Cássio – Mais devagar, eu lhe peço. Como assim, César desmaiou?

Caska – Ele caiu em praça pública, espumando pela boca e sem poder falar.

Brútus – É muito provável. Ele tem o mal de terra.

Cássio – Não, César não. Mas você, eu e o bom e honesto Caska aqui, nós sim, nós sofremos do mal da terra.

Caska – Não faço ideia do que o senhor quer dizer com isso, mas tenho certeza que César foi-se ao chão. Se a ralé maltrapilha não aplaudiu e assoviou à medida que ele os contentava e descontentava, como eles fazem com os atores no teatro, eu não sou homem de verdade.

Brútus – O que disse ele quando voltou a si?

Caska – Deveras: antes de cair, quando ele percebeu que o populacho ficou feliz de ele recusar a coroa, ele me abre a túnica e oferece a eles a garganta para ser cortada. Se eu fosse homem que tivesse um daqueles ofícios, se eu não tomasse aquilo ao pé da letra, desejava mais era ser despachado para o inferno no meio daqueles vagabundos. E daí ele caiu. Quando voltou a si, disse que, se tivesse feito ou falado alguma coisa imprópria, esperava que as Vossas Excelências ali presentes acreditassem que era sua enfermidade. Três ou quatro meretrizes ali de onde eu estava gritaram: "Ah, que bela alma!", e perdoaram César de todo o coração. Mas não tem de se dar atenção a elas: se César tivesse enfiado a espada nas mães delas, teriam dito a mesma coisa.

BRÚTUS – E depois disso ele se retirou com toda a seriedade.

CASKA – Foi.

CÁSSIO – E Cícero, disse alguma coisa?

CASKA – Disse, e falou em grego.

CÁSSIO – Com que propósito?

CASKA – Sei eu! Se lhe disser, nunca mais olho o senhor na cara. Mas os que entendiam sorriam uns para os outros e sacudiam as cabeças. Mas, de minha parte, aquilo era grego para mim. Posso lhes contar outras coisas também: Murilo e Flávio, por arrancarem condecorações das imagens de César, foram condenados a nunca mais discursar em público. Passar bem, senhores. Teve outras palhaçadas; se pelo menos eu pudesse lembrar quais!

CÁSSIO – Você quer jantar comigo hoje à noite, Caska?

CASKA – Não, já tenho compromisso.

CÁSSIO – Quer cear comigo amanhã?

CASKA – Sim, se eu estiver vivo, se o senhor não mudar de ideia, e se a janta valer a pena.

Cássio – Ótimo. Conto com você.

Caska – Pode contar. Passar bem, os dois.

[Sai.]

Brútus – Como esse camarada ficou obtuso com o passar do tempo! Era uma mente afiada quando frequentava a escola.

Cássio – Ainda o é, quando tem de executar um plano de caráter nobre ou ousado, muito embora ele se faça passar por um homem lento de raciocínio. O modo rude é um tempero em sua esperteza, e prepara o estômago dos outros para digerir suas palavras com mais apetite.

Brútus – Pois então é isso. Por ora, retiro-me de sua companhia. Amanhã, se for do seu agrado conversar comigo, vou à sua casa; ou, se você preferir, venha até a minha casa, e estarei lhe aguardando.

Cássio – Assim farei. Até lá, pense na vida.

[Sai Brútus.]

Bem, Brútus, tu és nobre; e, no entanto, vejo que o nobre metal em que se forjou teu ânimo pode ser lavrado até assumir outra têmpera. Por essa razão convém que as mentes nobres mantenham-se sempre com seus pares; pois quem é tão firme que não pode ser seduzido? César mal me suporta, mas ele ama Brútus. Se agora eu fosse Brútus e ele fosse Cássio, ele não deveria estar ligando-se a mim, dando-me ouvidos, fazendo-me as vontades. Esta noite, em sua janela, jogarei, em diferentes letras, bilhetes, como se fossem de vários cidadãos, todos falando da grande opinião que Roma faz de seu nome. Nos mesmos bilhetes, de modo obscuro, a ambição de César estará insinuada. Depois disso, ele que se segure firme em sua sela, pois nós sacudiremos César, ou dias piores teremos de suportar.

CENA III
Roma. Uma rua.

[Trovoadas e relâmpagos. Entram Caska e Cícero.]

Cícero – Boa noite, Caska. Você acompanhou César à casa dele? Por que está assim falto de ar, e por que esse olhar fixo?

Caska – E você, não está perturbado, quando o que há de mais firme no mundo treme igual coisa a mais instável? Ah, Cícero, cansei de ver tempestades feitas de ventos que xingam e estraçalham carvalhos nodosos, e cansei de ver o oceano, esse ambicioso que se inflama e se deixa enraivecer e espumar, exaltar-se com nuvens ameaçadoras. Mas nunca até hoje, nunca até agora, presenciei tempestade que chovesse fogo. Ou há uma luta civil nos céus, ou o mundo, por demais insolente com os deuses, incentiva-os a remeter-nos a destruição.

Cícero – Ora, mas então você já viu coisa mais formidável?

Casca – Um escravo comum (você o conhece de vista) segurou-lhe a mão esquerda, que estava em chamas e queimava tal qual vinte tochas juntas; apesar disso, insensível ao fogo, a mão dele não se queimou. Além do que (e desde então não largo de minha espada), bem na frente do Capitólio encontrei um leão que me deu um olhar gelado e passou por mim, carrancudo, sem me molestar. E ali estavam amontoadas uma centena de mulheres pálidas, desfiguradas de tanto medo, que juravam ter visto homens, todos pegando fogo, a andar de um lado para outro nas ruas. E ontem, a ave noturna empoleirou-se, em pleno meio-dia, no Fórum, guinchando mais do que piando. Quando prodígios assim se combinam, que não me venha alguém dizer: "Tais e quais são suas causas, eles são naturais". Porque eu acredito que são prenunciadores de coisas portentosas para a zona indicada.

Cícero – Deveras, estes são tempos muito estranhos. Mas o homem pode imaginar coisas de acordo com seu modo de pensar, à parte do propósito das coisas em si. Irá César ao Capitólio amanhã?

Casca – Sim, pois pediu a Antônio que o avisasse de sua presença no Capitólio amanhã.

Cícero – Então, boa noite, Caska. Este céu perturbado não nos convida a passear.

Casca – Adeus, Cícero.

[Sai Cícero.]

[Entra Cássio.]

Cássio – Quem está aí?

Caska – Um romano.

Cássio – Pela voz, é Caska.

Caska – Você está bem de ouvidos. Que noite esta, hein, Cássio?

Cássio – Uma noite muito agradável para homens bons e honestos.

Caska – Quem ia saber que os céus podem ser tão ameaçadores?

Cássio – Os que sempre souberam que a terra é povoada de erros. De minha parte, andei pelas ruas, expondo-me aos perigos da noite e, assim, túnica aberta, como pode ver, Caska, ofereci meu peito nu aos raios. E, quando o azul rasgado do relâmpago pareceu abrir o coração dos céus, apresentei-me, ali mesmo, no caminho de seu alvo, na trajetória de seu fogo.

Caska – Mas que razão tem você para provocar os céus tanto assim? Está na natureza do homem temer e estremecer quando os mais potentes deuses enviam em forma de presságio arautos tão terríveis para amedrontar-nos.

Cássio – Você é um ignorante, Caska, e as centelhas de vida que deveriam estar em todo romano ou não estão em você ou você não sabe que as tem. Você me parece pálido; seu olhar é vago, revela medo e denuncia um homem assombrado por ver esta estranha impaciência dos céus. Mas, se você quiser considerar o verdadeiro porquê de todo este fogo, todos esses fantasmas deslizantes, pássaros e feras transmudarem-se em sua natureza e espécie, o porquê de velhos, loucos e crianças saberem calcular por que essas coisas todas alteram-se de sua ordem divina, transformando seu caráter e suas faculdades pré-formadas em desnaturadas e monstruosas qualidades, ora, você então descobrirá que os céus nelas infundiram esses espíritos a fim de torná-las instrumentos de medo e de aviso, para que nos acautelemos contra algum desnaturado e monstruoso estado. Agora, Caska, eu poderia dar-te o nome de um homem muito parecido com esta noite tenebrosa, que troveja, relampeja, abre túmulos e ruge como o leão do Capitólio; um homem que não é mais poderoso que tu, ou que eu, em suas ações pessoais, embora tenha se tornado com o tempo portentoso e temível, como o são estas estranhas erupções.

CASKA – É de César que você está falando, não é, Cássio?

CÁSSIO – Não importa de quem estou falando. Os romanos hoje têm músculos e membros como os de seus antepassados. Porém, ai de nós, a mente de nossos pais morreu, e somos governados pelo espírito de nossas mães. Nosso jugo e nossa tolerância revelam-nos efeminados.

CASKA – De fato, dizem que os senadores amanhã querem estabelecer César como rei. E ele deverá usar sua coroa em mar e em terra, em todo lugar, exceto aqui na Itália.

Cássio – Então já sei onde vou usar esta minha adaga. Cássio libertará Cássio da escravidão. Para tanto, ó deuses, vós fareis o fraco mais forte. Para tanto, ó deuses, vós vencereis os tiranos. Nem torre de pedra, nem muralhas de bronze batido, nem masmorra asfixiante, nem grossos elos de ferro podem reter a força do espírito. Mas a vida, cansada das grades deste mundo, continua tendo força para demitir-se de si mesma. Se disso eu sei, que saiba o resto do mundo o seguinte: essa parte da tirania que tenho de suportar, a meu bel-prazer eu posso dela desfazer-me.

[Trovões o tempo todo.]

Caska – E eu também. E assim cada escravo, pois que detém nas próprias mãos o poder de cancelar seu cativeiro.

Cássio – Mas então por que César haveria de ser um tirano? Coitado! Eu sei que não é desejo dele ser lobo, se não estivesse vendo que os romanos não passam de cordeirinhos. Não seria leão, se os romanos não fossem simplórias gazelas. Quem tem pressa em acender fogueira de bom tamanho tem de começar com gravetinhos quebradiços. E Roma, não passa de galhos cortados? Entulho? Um amontoado de rebotalho? Se ela serve de vil matéria para iluminar coisa tão vil como César? Mas, ó dor, aonde me levas? Eu talvez fale isso na presença de um homem feito escravo voluntariamente. Se esse é o caso, preciso responder por minhas palavras. Mas estou armado, e me são indiferentes os riscos.

CASKA – Você está falando com Caska, e este homem não é dado nem a falar nem a rir dos outros. Aqui, tome minha mão, pois nisso você tem minha palavra. Forme uma facção, para o desagravo de todas essas queixas, e eu acompanharei, com estes meus pés, os passos de quem for mais longe.

CÁSSIO – A proposta está aceita. Agora, para seu conhecimento, Caska, eu já instiguei algumas dentre as mais nobres mentes romanas para comigo empreender esse plano de perigosas e honoráveis consequências. Também sei que por esta hora eles me aguardam no Pórtico de Pompeia. Por ora, esta noite terrível: nada se move e ninguém anda nas ruas, e a fisionomia do céu mais parece a tarefa que está em nossas mãos executar – sangrenta, impregnada de ira, horrível ao máximo.

[Entra Cinna.]

CASKA – Esconda-se um instante; aí vem vindo alguém com pressa.

CÁSSIO – É Cinna, posso reconhecê-lo pelo modo de andar. É gente amiga. – Cinna, para onde vai, com tanta pressa?

CINNA – Estava a sua procura. Quem é esse? Métélus Címber?

Cássio – Não; é Caska, mais um que se incorporou ao atentado. Será que não estão esperando por mim, Cinna?

Cinna – Fico contente. Que noite mais terrível, esta! Dois ou três de nós tiveram estranhas visões.

Cássio – Será que não estão esperando por mim? Diga-me.

Cinna – Sim, estão lhe esperando. Ah, Cássio, se você pudesse convencer o nobre Brútus a juntar-se a nós...

Cássio – Acalme-se. Meu bom Cinna, tome este papel e veja que você o coloque na cátedra do Pretor, onde forçosamente será encontrado por Brútus e por mais ninguém. E jogue isto para dentro da janela dele. E grude isto aqui com cera na estátua do velho Brútus. Isso feito, dirija-se ao Pórtico de Pompeia, onde você nos encontrará. Já estão lá Décio Brútus e Trebônio?

Cinna – Todos, menos Mételus Címber, e ele foi procurá-lo em sua casa. Bem, vou apressar-me e tratar de distribuir estes papéis conforme suas ordens.

Cássio – Isso feito, dirija-se ao Teatro de Pompeia.

[Sai Cinna.]

Vamos, Caska, você e eu ainda vamos, antes do amanhecer, visitar Brútus na casa dele. Três partes dele já são nossas, e o homem inteiro, quando de nosso próximo encontro, render-se-á a nós.

Caska – Ah, ele ocupa lugar privilegiado no coração do povo, e o que em nós pode parecer ofensivo, o prestígio dele, como a melhor das alquimias, transforma em virtude e valor.

Cássio – Ele e o seu mérito e a grande necessidade que dele nós temos você compreendeu muito bem. Vamo-nos, pois já passa de meia-noite, e antes do amanhecer nós vamos acordá-lo e certificar-nos de que podemos contar com ele.

[Saem.]

SEGUNDO ATO

CENA I
Roma.

[Entra Brútus em seu pomar.]

BRÚTUS – Ora, vamos, Lúcio, olá! Não sei dizer, pelo avanço das estrelas, o quanto falta para o dia amanhecer. Lúcio, estou dizendo! Quisera eu poder ser acusado de ter sono tão profundo. Ora, vamos, Lúcio, vamos lá! Acorda, estou dizendo! Anda, Lúcio, anda!

[Entra Lúcio.]

LÚCIO – Chamou, senhor?

BRÚTUS – Arranja-me uma vela para o meu gabinete, Lúcio. Assim que a tiveres acendido, volta aqui e me avisa.

LÚCIO – Sim, senhor.

[Sai.]

BRÚTUS – Precisa ser com a morte dele. Eu, de minha parte, não sei de nenhuma causa pessoal para acertar--lhe um soco na boca do estômago que não seja pelo bem geral. Ele seria coroado. Como isso poderia vir a mudar-lhe o caráter, essa é a questão. É nos dias ensolarados que a cobra sai do ninho e nos obriga a andar com passos cautelosos. Sim, vamos coroá-lo, e então eu garanto que estaremos pondo nele a presa que nos irá picar. E ele, a seu bel-prazer, poderá dispensar o mal. O abuso em uma posição de grandeza se dá quando desvincula-se a compaixão do poder. E, para falar a verdade sobre César, não lembro de nenhuma vez em que sua ternura governou mais que a razão. Mas isso é fato sabido de todos, que a humildade é a escada de uma ambição prematura, é para onde vira o rosto aquele que sobe. Mas, tão logo ele alcança o último degrau, vira-lhe as costas e passeia nas nuvens, desprezando os primeiros degraus por onde ele ascendeu. Assim pode fazer César. Então, para que ele não o faça, devemos nos antecipar. E, uma vez que, dado quem ele é, a querela não tem embasamento, pensemos nos seguintes termos: aquilo que ele é, devidamente aumentado, chegaria a tais e tais extremos. E, portanto, pensemos nele como se pensa sobre um ovo de serpente (que, uma vez saída da casca, se tornaria tão peçonhenta quanto as outras de sua espécie). A solução é matá-lo na casca.

[Entra Lúcio.]

LÚCIO – A vela já ilumina o seu aposento, senhor. Procurando na janela por uma pedra de fogo, encontrei este papel, assim lacrado, e tenho certeza que não estava lá quando fui me deitar.

[Entrega-lhe a carta.]

BRÚTUS – Volta para a cama, que ainda não amanheceu. Não estaremos amanhã, rapaz, já nos idos de março?

LÚCIO – Não sei, senhor.

BRÚTUS – Dá uma olhada no calendário e vem me dizer.

LÚCIO – Sim, senhor.

[Sai.]

BRÚTUS – Os meteoros que passam assobiando no ar oferecem tanta luz que posso ler sem vela.

[Abre a carta e lê.]

Brútus, vós dormis; acordai, e vede a vós mesmos. Deverá Roma, etc. Falai, atacai, está em vossas mãos emendar o que aí está. "Brútus, vós dormis. Acordai!" Tais instigações muitas vezes ficaram abandonadas, quando era eu quem as alardeava. "Deverá Roma, etc." Assim sendo, eu tenho de completar: Deverá Roma submeter-se a temer a um só homem? Ora, vamos: Roma? Meus ancestrais expulsaram das ruas de Roma o Tarquínio quando ele foi aclamado rei. "Falai, atacai, está em vossas mãos emendar o que aí está." Estão me suplicando para que eu fale e ataque? Ah, Roma, eu te prometo: se a emenda suceder-se, tu receberás das mãos de Brútus tua petição por inteiro.

[Entra Lúcio.]

LÚCIO – Senhor, já se passaram quinze dias do mês de março.

[Ouvem-se batidas na porta.]

Brútus – Isso é bom. Vai até o portão, que alguém está batendo. *[Sai Lúcio.]* Desde que Cássio aguçou-me contra César que não consigo mais dormir. Entre a execução de uma coisa abominável e o primeiro ímpeto, todo o ínterim é como um pesadelo, ou uma assombração. O espírito tutelar que nos guia desde quando nascemos e nosso corpo, seus mortais instrumentos, reúnem-se em conselho, e o estado do homem, como o de um pequeno reinado, padece assim com a natureza de uma insurreição.

[Entra Lúcio.]

Lúcio – Senhor, é seu cunhado Cássio quem bate à porta e deseja vê-lo.

Brútus – Ele está sozinho?

Lúcio – Não, senhor, tem mais gente com ele.

Brútus – Você os conhece?

Lúcio – Não, senhor. Seus chapéus estão enterrados até as orelhas, e parte das caras sumidas em seus mantos, tanto que não houve jeito de eu saber quem são, por algum sinal ou pela aparência.

Brútus – Faça-os entrar.

[Sai Lúcio.]

São eles os dissidentes. Ah, conspiração, como podes te aviltar assim, mostrando tua cara perigosa à noite, quando encontram-se à solta os espíritos do mal? E depois, de dia, onde vais encontrar caverna escura o suficiente para esconder tua fisionomia monstruosa? Não a procures, conspiração; mascara-te nos sorrisos e amabilidades, pois, se segues o teu rumo, com teu semblante natural, nem o próprio Érebo, produto do casamento do Caos com a Escuridão, seria sombrio o suficiente para ocultar-te da antecipação.

[Entram os conspiradores: Cássio, Caska, Décio, Cinna, Métellus e Trebônio.]

Cássio – Sei que estamos sendo impudentes, interrompendo o seu repouso. Bom dia, Brútus. Atrapalhamos?

Brútus – Eu estava acordado, não dormi a noite inteira. Por um acaso conheço esses homens que o acompanham?

Cássio – Sim, todos e cada um deles. E todos fazem de você juízo honrado, e é o desejo de cada um deles que você tivesse de si mesmo a opinião que tem sobre você cada nobre homem de Roma. Este é Trebônio.

Brútus – Ele é bem-vindo em minha casa.

Cássio – Este, Décio Brútus.

Brútus – É bem-vindo também.

Cássio – Este aqui é Caska; este, Cinna; e este, Métellus Címber.

Brútus – São todos muito bem-vindos. Que preocupações mantêm os senhores despertos, vindo interpor-se entre os seus olhos e a noite?

Cássio – Eu lhe peço: uma palavrinha.

[Eles sussurram.]

DÉCIO – Aqui deste lado fica o leste. Não é aqui onde nasce o dia?

CASKA – Não.

CINNA – Ah, perdão, senhor, nasce, sim, e, lá ao longe, as linhas cinzentas que matizam as nuvens são mensageiras do dia.

CASKA – Vocês devem admitir os dois estar enganados. Aqui, à medida que aponto minha espada, o sol se levanta, e percorre um longo caminho em direção ao sul, considerando a nova estação do ano. Daqui a uns dois meses, mais alto, rumo ao norte, ele primeiro apresenta todo o seu fogo, e o Levante, assim como o Capitólio, fica exatamente aqui.

BRÚTUS *[chegando-se à frente, com Cássio]* – Apertem-me a mão, todos os senhores, um por um.

CÁSSIO – E vamos fazer um juramento sobre nossa resolução.

BRÚTUS – Não, um juramento não. Se não pelo semblante dos homens, então pelo sofrimento de suas almas, pelo abuso destes tempos... se esses são motivos fracos, quebre-se este nosso compromisso imediatamente, e cada homem retire-se daqui rumo a suas camas ociosas. Assim, deixe-se que a tirania voe alto e que cada homem seja abatido ao acaso. Mas se motivos como esses (e tenho certeza que sim) têm suficiente poder de fogo para inflamar os covardes e para revestir de aço o espírito enternecido das mulheres, então, compatriotas, ainda precisamos de outro empurrão que não seja nossa própria causa para levar-nos a emendar a situação? Que outro vínculo precisamos se não o sigilo entre romanos que pronunciaram sua palavra e não são de tergiversar? E que outro juramento, se não a honestidade com a honestidade comprometida, de que nosso plano será e, caso contrário, morreremos por ele? Que prestem juramentos os padres, e os covardes, e os homens que se cercam de cautelas, carcaças ambulantes, e almas tão sofredoras que dão as boas-vindas a qualquer iniquidade. Criaturas assim prestam juramentos por más causas, tanto que um homem chega a duvidar. Mas, não manchem a imparcial virtude de nossa empresa nem a irreprimível têmpera de nosso espírito pensando que ou nossa causa ou nosso ato tem precisão de um juramento quando cada gota de sangue que circula nas veias, e nobres veias, dos cidadãos romanos é culpada de uma bastardice se ele revelar a mínima partícula de uma promessa que partiu dele mesmo.

Cássio – Mas, e quanto a Cícero? Não deveríamos consultá-lo? Penso que ele nos apoiaria, e sem reservas.

Caska – Não podemos deixá-lo fora disso.

Cinna – Não, de modo algum.

Métellus – Claro, vamos convocá-lo, pois com sua cabeça prateada estaremos adquirindo um bom conselho, ao mesmo tempo que compramos as vozes dos homens que irão recomendar nossos atos. Será dito que o juízo de Cícero comandou nossas mãos.

De nossa juventude e selvageria não aparecerá nem traço, pois serão enterradas na seriedade de Cícero.

Brútus – Não, não vamos chamá-lo, não devemos colocá-lo a par de nosso plano, pois ele jamais entrará numa jornada que é iniciativa de outros homens.

Cássio – Então vamos deixá-lo fora disso.

Caska – Realmente, ele não se encaixa.

Décio – Nenhum outro homem será tocado, a não ser César?

Cássio – Décio, muito bem lembrado. Não acho conveniente Marco Antônio, tão benquisto por César, sobreviver a César. Nós o teremos na conta de uma pessoa ardilosa, maldosa. E, os senhores sabem, se ele fizer bom uso de suas posses, estas podem avultar-se a ponto de nos prejudicar, o que se pode prevenir com a queda simultânea de Antônio e César.

Brútus – Nossas ações parecerão por demais sanguinolentas, Caio Cássio, primeiro decapitando e depois esquartejando; como se fosse fúria e morte, e depois maldade, pois Antônio não passa de um braço de César. Perpetraremos um sacrifício; não seremos açougueiros, Cássio. Todos nos posicionamos contra o espírito de César, e no espírito dos homens não há sangue. Ah, se pelo menos pudéssemos tomar posse do espírito de César sem desmembrar César. Mas, ai de nós, César deve sangrar. E, nobres amigos, vamos assassiná-lo com audácia, mas não com fúria. Vamos trinchá-lo como a um prato digno dos deuses, e não falquejá-lo como a uma carcaça própria para sabujos. E que nossos corações, como mestres sutis, possam incitar seus servos a um ato de rancor para depois aparentemente repreendê-los. Isso fará de nosso propósito uma necessidade, e não uma perfídia, de tal modo que, aos olhos do povo, seremos quem purgou uma ferida, e não assassinos. Quanto a Marco Antônio, esqueçam-no, pois ele não poderá mais que o braço de César quando a cabeça de César tiver rolado.

Cássio – E, no entanto, eu o temo, pois no amor profundamente enraizado que ele tem a César...

Brútus – Por favor, meu bom Cássio, não pense mais nele. Se ele ama César, tudo que ele pode fazer será contra ele mesmo: entregar-se à saudade e morrer por César. E isso seria difícil demais ele fazer, pois é dado aos esportes, a uma vida não cultivada, de brutalidade e de muitas companhias.

Trebônio – Não temos o que temer por parte dele. Não é preciso matá-lo, pois ele vai viver para ainda rir disto tudo mais adiante.

[Bate o relógio.]

Brútus – Quietos! Contem as horas.

Cássio – O relógio deu três horas.

Trebônio – É hora de partir.

Cássio – Mas ainda não se sabe com certeza se César aparecerá hoje ou não, pois ultimamente ele anda supersticioso, bem ao contrário da opinião forte e confiante que alardeava sobre fantasias, sonhos, presságios. Pode ser que esses agouros que lhe aparecem, o terror desacostumado desta noite e a persuasão de seus adivinhos tenham-no detido longe do Capitólio por hoje.

Décio – Não se impressione com isso. Se ele se mostrar tão resolvido, eu consigo demovê-lo, pois ele adora ouvir histórias de unicórnios que se deixam enganar com árvores, ursos ludibriados com espelhos, elefantes presos em armadilhas camufladas, leões caçados com redes escondidas, homens traídos por bajuladores. Quando lhe digo que ele detesta bajuladores, ele diz que sim, sentindo-se deveras lisonjeado. Deixem comigo persuadi-lo, pois eu sei manejar-lhe o humor, e encarrego-me de levá-lo até o Capitólio.

Cássio – Não. Iremos todos até lá, buscá-lo em casa.

Brútus – Quando for oito horas, no máximo?

Cinna – No máximo, e que ninguém deixe de comparecer.

Métellus – Caio Ligário mal suporta avistar César, que o censurou por falar bem de Pompeia. Pergunto se nenhum dos senhores pensou nele.

Brútus – Isso, meu bom Métellus, procure-o. Ele me tem em alta estima, e dei-lhe motivos para tanto. Peça a ele que venha a minha casa, e eu o persuadirei.

Cássio – A manhã avizinha-se de nós. Despedimo-nos de você, Brútus. Amigos, cada um a sua casa, mas lembrem-se todos do que disseram e provem que são verdadeiros romanos.

Brútus – Meus bons e nobres cavalheiros, apresentem-se bem-dormidos e satisfeitos; não deixem que nossa aparência revele os nossos propósitos, mas comportem-se como os nossos atores romanos, com espírito incansável e resolução aparente. Isso posto, uma boa manhã a todos vocês.

[Saem todos, menos Brútus.]

Rapaz! Lúcio! Dormindo como uma pedra? Não faz mal, aproveita o orvalho carregado de mel desse teu sono. Tu não tens nem as fantasias nem os fantasmas que os diligentes encargos desenham no cérebro dos homens, e podes portanto dormir um sono pesado.

[Entra Pórtia.]

Pórtia – Brútus, meu amo e esposo.

Brútus – Pórtia! O que pretendes? Por que te levantas agora? Não é bom para tua saúde, comprometer tua frágil condição com o frio úmido da manhã.

Pórtia – Tampouco é bom para a tua saúde. De modo brusco te retiraste de minha cama, Brútus. E, ontem à noite, durante a ceia, te levantaste de modo abrupto e ficaste andando de um lado para outro, cismando e suspirando, de braços cruzados. E quando te perguntei qual era o problema, me lançaste um olhar ríspido. Tornei a perguntar, e tu coçaste a cabeça e com visível impaciência bateste com raiva o pé no chão. Mesmo assim insisti e, no entanto, não me respondeste, a não ser com um irado gesto de mão, indicando que eu deveria me retirar. Então eu me retirei, por medo de intensificar aquela impaciência que me pareceu por demais inflamada, e ademais na esperança de que aquilo fosse nada além de um mau humor passageiro, coisa que mais dia menos dia acomete tudo quanto é homem. Mas ele não está te deixando comer nem conversar nem dormir; a continuar cobrando esse ônus de teu corpo, como até aqui vem cobrando de tua mente, não vou ter mais como reconhecer-te, Brútus. Meu querido esposo, faz-me conhecedora da causa de tua dor.

BRÚTUS – Não estou bem de saúde, e isso é tudo.

PÓRTIA – Brútus é sábio e, estivesse ele mal de saúde, ele abraçaria o meio de reavê-la.

BRÚTUS – Ora, mas é o que estou fazendo. Minha boa Pórtia, volta para a cama.

PÓRTIA – Brútus está doente? Mas então é saudável andar desagasalhado e inalar os vapores de uma manhã tão úmida? Ora, Brútus está doente? E ele sai de mansinho de sua cama quentinha que é para enfrentar os vis contágios da noite e desafiar este ar impuro que provoca o catarro, para aumentar sua própria doença? Não, meu Brútus, o que tu tens é um dano doentio em tua mente, que eu, por direito e em virtude de minha posição, deveria saber qual é. De joelhos eu te imploro em nome do que há de mais sagrado, pela beleza tão elogiada que eu já tive, por todas as tuas juras de amor e por aquele grande juramento que nos incorporou e fez de nós dois um uno, que me reveles, tu mesmo, a mim, tua metade: por que estás oprimido e quem são os homens que esta noite recorreram a ti? Pois aqui estiveram uns seis ou sete que escondiam seus rostos até mesmo da escuridão.

Brútus – Não te ajoelhes, nobre Pórtia.

Pórtia – Eu não precisava ter me ajoelhado se tu fosses um gentil Brútus. Pelo contrato de nosso matrimônio, diz-me, Brútus: é de se esperar que eu desconheça segredos que pertencem a ti? Eu sou tua e eu sou tu, mas isso é para ser dentro de um certo modo e dentro de certos limites, para estar contigo na hora das refeições, desafogar-te na cama, e às vezes conversar contigo? Habito eu apenas nas zonas de teu prazer? Se não é mais que isso, Pórtia é a meretriz de Brútus, não sua esposa.

Brútus – Tu és minha legítima e honrada esposa, a mim tão cara quanto o sangue que visita meu triste coração.

Pórtia – Se isso fosse verdade, então eu deveria saber desse segredo. É certo que sou uma mulher, mas também sou a mulher que o Lorde Brútus tomou por esposa. É certo que sou uma mulher, mas também sou mulher de boa reputação, a filha de Catão. Pensas tu que não sou mais forte que as do meu sexo, sendo filha de quem sou e meu marido sendo quem ele é? Fala-me de teus desígnios, eu não os revelarei. Já dei mostras de minha determinação, ferindo-me a mim mesma aqui, na coxa. Posso aguentar isso, mas não os segredos de meu esposo?

Brútus – Ah, deuses, fazei-me merecedor desta nobre esposa! *[Batem à porta.]* Ouve! Alguém está batendo. Pórtia, vai para dentro por um instante, e logo, logo teu peito irá compartilhar dos segredos de meu coração. Todos os meus comprometimentos, eu os explicarei a ti, todos os caracteres das graves rugas de meu rosto. Deixa-me agora, rápido. *[Sai Pórtia.]* Lúcio, quem esta batendo?

[Entram Lúcio e Ligário.]

Lúcio – Aqui está um homem doente que deseja falar-lhe.

Brútus – Caio Ligário, de quem me falou Metelus. Rapaz, podes ir.

[Sai Lúcio.]

Caio Ligário, como vai você?

Ligário – Tenha a bondade de aceitar meus votos de um bom dia, embora vindos de uma língua débil.

Brútus – Ah, que hora você escolheu, valoroso Caio, para precisar de um lenço para compressa na cabeça. Quisera eu você não estivesse doente!

Ligário – Não estou doente, se Brútus tem à mão alguma façanha digna de um nome honrado.

Brútus – Uma tal façanha eu tenho à mão, Ligário. Falta você ter o ouvido são para escutar sobre ela.

Lɪɢᴀ́ʀɪᴏ – Por todos os deuses diante de quem ajoelham-se os romanos, aqui e agora descarto-me eu de minha doença!

[Arranca da cabeça o lenço.]

Alma romana, valoroso filho, saído dos lombos de teu muito honrado pai, tu, tal qual um exorcista, invocaste o meu espírito amortecido. Agora, ordena que eu me candidate, e eu me empenharei em coisas as mais impossíveis, sim, tudo para tirar de cada um o melhor de si. O que devo fazer?

Bʀᴜ́ᴛᴜs – Um serviço que deixará doente qualquer homem são.

Lɪɢᴀ́ʀɪᴏ – Mas e não há alguns homens sãos que devemos deixar doentes?

Bʀᴜ́ᴛᴜs – Isso também. O que será feito, meu Caio, eu estarei te revelando enquanto vamos indo ao encontro daquele a quem será feito.

Lɪɢᴀ́ʀɪᴏ – Então vamos indo, e é com o coração recém-aceso que eu lhe sigo, para fazer não sei o quê. Mas a mim basta que seja Brútus quem me guia.

[Trovões.]

Bʀᴜ́ᴛᴜs – Segue-me então.

[Saem.]

CENA II
Roma. Na casa de César.

[Trovões e relâmpagos. Entra Júlio César em seu traje de dormir.]

CÉSAR – Nem o céu nem a terra tiveram paz esta noite. Três vezes Calpúrnia gritou enquanto dormia: "Socorro! Alguém aí, socorro, estão matando César!" Quem está aí?

[Entra um Criado.]

CRIADO – Senhor?

CÉSAR – Vai pedir aos padres que façam um sacrifício agora mesmo, e me traz as opiniões deles quanto ao resultado.

CRIADO – Sim, senhor.

[Sai.]
[Entra Calpúrnia.]

CALPÚRNIA – O que você está pretendendo, César? Pensando em sair? Você não vai arredar pé de sua casa hoje.

CÉSAR – César vai sair. As criaturas que me ameaçaram só me viram pelas costas. Quando elas enxergarem o rosto de César, desaparecerão.

CALPÚRNIA – César, eu nunca dei importância a presságios, mas agora eles me aterrorizam. Tem um, além dos que já vimos e ouvimos, que reconta as visões mais horripilantes já vistas por um sentinela.

Uma leoa deu cria nas ruas, e túmulos se abriram e botaram para fora os seus mortos; guerreiros ferozes, flamejantes, enfrentam-se nas nuvens, em tropas e esquadrões, nas formações corretas de guerrear, fazendo cair uma garoa de sangue sobre o Capitólio; o barulho da batalha zunia no ar, cavalos relinchavam e homens à beira da morte gemiam, e fantasmas soltavam gritos estridentes, guinchos penetrantes pelas ruas. Ah, César, essas criaturas estão além de qualquer coisa normal. E delas eu tenho medo.

César – Como se pode evitar aquilo cujo fim já foi decidido pelos deuses todo-poderosos? Mesmo assim, César vai sair, pois esses prenúncios valem tanto para o mundo em geral quanto para César.

Calpúrnia – Quando morrem mendigos, não se veem cometas no céu; mas o próprio firmamento resplandece anunciando a morte de príncipes.

César – Os covardes morrem muitas vezes antes de morrer, e quem é valente vivencia a morte uma única vez. De todas as maravilhas de que já ouvi falar, parece-me que a mais estranha é os homens terem medo ao constatar que a morte, um fim necessário, vai chegar na hora que vai chegar. *[Entra um Criado.]* O que dizem os adivinhos?

Criado – Eles querem que o senhor não se afaste de sua casa hoje. Arrancando as entranhas de uma oferenda, não acharam o coração do animal sacrificado.

César – Os deuses fazem isso para matar de vergonha a covardia. César deveria transformar-se em uma fera sem coração se ficasse em casa hoje, comandado pelo medo. Não, César vai sair. O perigo sabe muito bem que César é mais perigoso que ele: somos dois leões paridos no mesmo dia, e sou eu o mais velho e o mais temido. Por isso César vai sair.

Calpúrnia – Ai de nós, meu esposo, sua sabedoria consumiu-se em confiança. Não saia hoje. Pode dizer que o meu medo reteve-o em casa, e não o seu próprio. Enviaremos Marco Antônio ao Senado, e ele dirá que você não está bem hoje. Deixe que eu, de joelhos, prevaleça neste caso.

César – Marco Antônio dirá que não estou bem, e por teu estado de espírito ficarei em casa. *[Entra Décio.]* Eis aqui Décio Brútus. Ele levará meu recado aos senadores.

Décio – Ave, César! Bom dia, valoroso César. Vim buscar-vos para irmos ao Senado.

César – E chegou em boa hora para levar minha saudação aos senadores e dizer-lhes que não posso comparecer hoje. Não posso é falso, e que não ouso comparecer é mais falso ainda. Não irei hoje. Diga-lhes isso, Décio.

Calpúrnia – Diga que ele está doente.

César – Deve César enviar uma mentira? Durante minhas conquistas, será que me espraiei tanto para agora ter medo de dizer a um punhado de barbas brancas a verdade? Décio, diga-lhes que César hoje não irá.

Décio – Poderosíssimo César, ponde-me a par de alguma razão, para que de mim não se riam quando lá eu chegar com tal recado.

César – A razão está em minha vontade. Não irei porque minha vontade é não ir; isso basta para satisfazer o Senado. Mas, para sua satisfação pessoal, e porque lhe tenho amor, vou lhe contar: Calpúrnia minha esposa, esta aqui, está me retendo em casa. Sonhou ela esta noite que viu minha estátua, que, como uma fonte com uma centena de esguichos, jorrava sangue puro, e que vários romanos, homens robustos, chegavam-se sorrindo e no sangue banhavam suas mãos. E isso ela aplica como se avisos e presságios fossem de um mal iminente, e de joelhos me implorou ela que eu ficasse hoje em casa.

Décio – Esse sonho está do começo ao fim mal-interpretado. Foi uma visão bela e afortunada. Vossa estátua esguichando sangue de muitos tubos, onde tantos romanos sorridentes banhavam-se, significa que é de vossa pessoa que a grande Roma vai sugar sangue revigorante, e que grandes homens virão solicitar de vós tinturas sagradas, corantes alquímicos, relíquias de mártir e cognições de nobreza. Significa isso o sonho de Calpúrnia.

César – Que ficou assim muito bem explicado.

Décio – Sim, quando vós ouvistes o que eu tinha a dizer. E agora isto: o Senado decidiu por bem outorgar hoje uma coroa ao poderoso César. Se a eles vós mandardes palavra de que não comparecereis, eles bem podem mudar de ideia. Além do que, renderia comentários sarcásticos, pois alguém poderia dizer, muito habilmente, "Dissolva-se o Senado por tempo indefinido, até quando a mulher de César tiver sonhos melhores". Se César vier a esconder-se, será que eles não vão murmurar "Vejam, é César com medo"? Perdoai-me, César, mas meu elevado amor por vossa ascensão exige que a vós eu diga isso, e em mim a razão submete-se ao afeto.

César – Como agora parecem bobos os teus temores, Calpúrnia! Sinto-me envergonhado de haver cedido a eles. Dá-me meu manto, pois César vai sair. *[Entram Brútus, Ligário, Métellus, Caska, Trebônio, Cinna e Públio.]* Mas vejam só onde Públio veio me buscar.

Públio – Bom dia, César.

César – Bem-vindo, Públio. – Mas, o quê? Brútus, fora da cama assim tão cedo? – Bom dia, Caska. – Caio Ligário, César jamais foi tão seu inimigo como essa sezão que o fez emagrecer. – Que horas são?

Brútus – César, bateu as oito.

César – Eu vos agradeço a todos por vosso incômodo e por vossa gentileza. *[Entra Antônio.]* Mas, vejam os senhores: Antônio, que se diverte noite adentro, mesmo assim já está de pé. – Bom dia, Antônio.

Antônio – A vós também, nobre César.

CÉSAR *[dirigindo-se a Calpúrnia]* – Manda que preparem as coisas lá dentro.

[Sai Calpúrnia.]

Eu mesmo sou o culpado de fazê-los esperar. – E então, Cinna. – E então, Métulus. – Veja, Trebônio, precisamos conversar: tenho assunto para mais de hora consigo. Lembre-se de procurar-me ainda hoje. Fique próximo de mim, para que eu não me esqueça.

TREBÔNIO – Assim o farei, César. *[À parte]* E tão próximo de vós estarei que vossos melhores amigos desejarão que eu ficasse mais afastado.

CÉSAR – Meus bons amigos, vão entrando, e bebam comigo um pouco de vinho. E, como amigos, sairemos em seguida, juntos.

BRÚTUS *[à parte]* – Ah, César, o coração de Brútus estremece só de pensar que, sim, sairemos juntos; mas não estamos juntos.

[Saem.]

CENA III
Roma. Uma rua.

[Entra Artemidoro (lendo um rolo de pergaminho).]

ARTEMIDORO – "César, acautelai-vos contra Brútus, prestai atenção em Cássio, não vos aproximeis de

Caska, olho aberto com Cinna, não vos confieis em Trebônio, observai de perto Mételus Címber; Décio Brútus não vos ama, e vós estais equivocado quanto a Caio Ligário. Esses homens todos regem-se por uma só cabeça, e ela se inclina contra César. Se não tendes um olhar imortal sobre vós, sabei que a confiança cega é um convite à conspiração. Que os deuses todo-poderosos vos defendam!

Vosso devotado amigo que muito o ama,

Artemidoro"

Aqui me postarei, até que eu veja César passar, e, como um peticionário, entregarei isto a ele. Meu coração lamenta que a virtude não tenha como viver fora do alcance de uma rivalidade invejosa, competitiva. Se vós lerdes isto, ó César, vós tendes chance de viver; se não, os céus conspiram com os traidores.

[Sai.]

CENA IV
Roma. Diante da casa de Brútus.

[Entram Pórtia e Lúcio.]

PÓRTIA – Eu te suplico, rapaz, corre até o Senado. Não para nem para me responder, mas trata de ir. Por que estás aí parado?

Lúcio – Para saber em que missão estou indo, minha senhora.

Pórtia – Tu poderias ir e voltar, e eu ainda não teria como dizer-te o que deves fazer lá. *[À parte]* – Ah, perseverança, fica firme e forte ao meu lado, coloca a mais alta montanha entre meu coração e minha língua! Tenho a mente de um homem, mas o poder de uma mulher. Como é difícil para uma mulher guardar segredo! – Ainda estás aqui?

Lúcio – Minha senhora, o que devo fazer? Ir correndo até o Capitólio, e nada mais? Voltar correndo até a senhora, e nada mais?

Pórtia – Sim, vem me dizer, rapaz, se teu amo está bem, pois ele saiu daqui adoentado, e observa bem o que César faz, que peticionários assediam-no. Ouve, rapaz, que barulho é esse?

Lúcio – Não ouvi nada, senhora.

Pórtia – Pois eu te digo, escuta com atenção: estou ouvindo um alvoroço, como uma briga, e o vento que me traz esse som vem do Capitólio.

Lúcio – Acalme-se, minha senhora, eu não ouço nada.

[Entra o Adivinho.]

Pórtia – Aproxime-se, meu amigo. De que lados você está vindo?

Adivinho – De minha própria casa, minha nobre dama.

Pórtia – Que horas são?

Adivinho – Perto de nove horas, senhora.

Pórtia – César já foi para o Capitólio?

Adivinho – Minha senhora, ainda não. Estou indo postar-me no ponto em que fico para vê-lo passar a caminho do Capitólio.

Pórtia – Você está levando alguma petição a César, não?

Adivinho – Lá isso é verdade, minha nobre senhora, se for do agrado de César ser capaz de me escutar, como um César. Vou a ele suplicar que me auxilie.

Pórtia – Diz-me: sabes de algum mal que pretendem contra ele?

Adivinho – Nenhum dos que eu sei acontecerá, por mais que eu tema que possam vir a acontecer. Uma boa manhã para a senhora. Aqui a rua é estreita. A multidão que segue César de perto, senadores, pretores, peticionários comuns, espreme um homem débil quase até a morte. Vou me colocar em um ponto mais vazio, e de lá falo com o grande César enquanto ele vai passando.

[Sai.]

Pórtia – Preciso entrar. *[À parte]* – Ai de mim! Que coisa mais fraca, o coração de uma mulher! Ah, Brútus, os céus apressam-te em tua empresa! Com certeza o rapaz me escutou. Brútus tem uma petição que César irá indeferir. Ai, que estou a ponto de desmaiar. – Corre, Lúcio, e dá minhas lembranças ao meu senhor e esposo, diz-lhe que estou bem, estou contente. Volta para cá e traz-me notícia do que ele te respondeu.

[Saem (separadamente).]

TERCEIRO ATO

CENA I
Roma. O Capitólio.

[Toque de clarins. Entram César, Brútus, Cássio, Caska, Décio, Mételus, Trebônio, Cinna, Antônio, Lépidus, Artemidoro, Públio, Popílio, Ligário e o Adivinho.]

César – Eis que são chegados os idos de março.

Adivinho – Sim, César, estão passando, mas ainda não terminaram.

Artemidoro – Ave, César! Lede este documento.

Décio – É do desejo de Trebônio que vós passeis os olhos (no tempo que vos for mais conveniente) nesta sua humilde petição.

Artemidoro – Ah, César, lede a minha primeiro, pois a minha é petição que diz respeito a César mais de perto. Lede, ó grande César.

César – O que a nós nos diz respeito será lido por último.

Artemidoro – Não percais tempo, César; ela deve ser lida imediatamente.

César – Ora, enlouqueceu, esse aí?

Públio – Caríssimo, o senhor dê lugar a outro.

Cássio – Mas como? Os senhores estão alegando vossas petições na rua? Entrem no Capitólio.

[César entra no Capitólio, seguido de todos os outros.]

Popílio – Desejo que a sua iniciativa hoje possa ser bem-sucedida.

Cássio – Que iniciativa, Popílio?

Popílio – Que o senhor passe bem.

[Deixa Cássio e junta-se a César.]

Brútus – O que disse Popílio Lena?

Cássio – Desejou que hoje a nossa iniciativa possa ser bem-sucedida. Receio que nosso plano tenha sido descoberto.

Brútus – Olhe como ele está indo em direção a César, observe.

Cássio – Caska, seja rápido, pois receamos estar sendo interceptados. – Brútus, o que devemos fazer? Se isso vier a público, um dos dois, Cássio ou César, não sai do Capitólio, porque eu me mato.

Brútus – Cássio, mantém tua determinação. Popílio Lena não está se referindo aos nossos planos; olhe, ele está sorrindo, e César não mudou de expressão.

Cássio – Trebônio sabe a hora de agir; olhe só, Brútus, como ele vai tirando Marco Antônio de nosso caminho.

[Saem Antônio e Trebônio.]

Décio – Onde está Mételus Címber? Deixem-no ir, e que ele apresente de uma vez sua petição a César.

Brútus – Ele está pronto. Vá para junto dele, pressione-o e dê-lhe apoio.

Cinna – Caska, você é o primeiro a erguer a mão.

César – Estamos todos prontos? O que agora está fora de ordem que César e seu Senado têm de reparar?

Mételus – Ó poderoso César, pujante e altíssimo César, Mételus Címber joga diante de vosso trono um humilde coração.

César – Devo prevenir-lhe, Címber. Essas mesuras e essas vênias servis podem inflamar o sangue de homens comuns, e podem transformar em leis de criança os estatutos preestabelecidos e os éditos primeiros. Não seja crédulo a ponto de pensar que César traz em si um sangue tão rebelde que deixe derreter sua real natureza com aquilo que comove os tolos: palavras doces, recurvadas reverências e adulações subservientes. Teu irmão, por decreto, está banido. Se tu te curvares, e suplicares, e bajulares por causa dele, eu te enxoto para fora daqui como quem chuta um cão vira-lata. Saiba que César não é injusto, nem fica ele satisfeito sem um processo jurídico.

Mételus – Não existe voz de maior valor que a minha para soar mais doce aos ouvidos do grande César em favor de se revogar o exílio de meu irmão?

Brútus – Beijo vossa mão, não como um bajulador, César, mas pedindo-vos que Públio Címber possa receber imediata permissão para voltar do exílio.

César – O que, Brútus?

Cássio – Perdão, César! César, perdão! Cássio curva-se a vossos pés, por não ter como curvar-se mais baixo, para implorar pela repatriação de Públio Címber.

César – Eu poderia estar bastante comovido, se eu fosse como vocês. Se eu pudesse suplicar para comover, súplicas me comoveriam. Mas eu sou tão determinado quanto a estrela setentrional, cujas qualidades de segurança e permanência não encontram similares no firmamento. Os céus pintam-se de um sem-número de centelhas; elas são todas fogo, e cada uma delas cintila. Mas apenas um brilho existe dentre todos que fica firme em seu lugar. Assim também no mundo: ele é bem suprido de homens, e homens são feitos de carne e sangue, e são dotados de inteligência. E, no entanto, dentre todos que conheço há apenas um que, inexpugnável, mantém-se firme em sua posição, imperturbado por movimentos, e esse sou eu. Deixem-me dar-lhes uma pequena mostra disso, senhores, agora mesmo: porque fui firme em minha decisão, Címber devia ser banido; e continuo firme em minha decisão de que ele deve continuar no exílio.

Cinna – Ó César, ...

César – Vai-te embora daqui! Queres levantar o Olimpo?

Décio – Grande César, ...

César – Não está Brútus ajoelhando-se para nada?

Caska – Falem mãos por mim!

[Apunhalam César.]

CÉSAR – Até tu, Brútus? – Então cai, César!

[Morre.]

CINNA – Liberdade! Independência! Morreu a tirania! Corram para as ruas, proclamem as novas, gritem para toda a cidade.

CÁSSIO – Vamos alguns de nós para os púlpitos comuns e gritemos: "Liberdade, independência e emancipação!"

BRÚTUS – Povo e senadores, não tenham medo, não fujam, permaneçam onde estão! Está pago o tributo à ambição.

CASKA – Vá para o púlpito, Brútus.

DÉCIO – E Cássio também.

BRÚTUS – Onde está Públio?

CINNA – Aqui, totalmente desconcertado com este motim.

MÉTELUS – Vamos permanecer todos juntos, para evitar que algum amigo de César possa...

BRÚTUS – Nem fale em permanecer. – Públio, anime-se; nenhum mal será perpetrado contra a sua pessoa, nem contra qualquer outro romano. Então diga-lhes, Públio.

CÁSSIO – E deixe-nos, Públio, para evitar que o povo, ao investir contra nós, faça alguma maldade contra um ancião como o senhor.

Brútus – Faça isso, e que nenhum homem permaneça para arcar com as consequências deste ato, a não ser nós, os perpetradores.

[Saem todos, menos os conspiradores.]
[Entra Trebônio.]

Cássio – Onde está Antônio?

Trebônio – Ele se foi para casa, atônito. Homens, mulheres e crianças olham, gritam e correm como se fosse o juízo final.

Brútus – Para o deleite de vocês, Parcas, vocês judiam de nós. Que vamos morrer, todos sabemos; é apenas seu tempo de vida que o homem tem de valorizar.

Caska – Mas, ora, quem encurta em vinte anos sua vida põe um fim a muitos anos de medo da morte.

Brútus – Se admite-se isso, então a morte é um benefício. Portanto, somos amigos de César, e abreviamos o seu tempo de temer a morte. Curvem-se, romanos, curvem-se, e banhemos nós as nossas mãos no sangue de César até os cotovelos, e sujemos nossas espadas, e então prossigamos, a pé, até o Fórum, e vamos todos acenar, empunhando alto nossas armas tingidas de vermelho, e vamos todos gritar: "Paz, liberdade e independência!"

Cássio – Curvem-se a seguir e lavem-se. Quantas gerações depois de nós esta nossa grandiosa cena não será encenada em cidades que ainda não nasceram, em línguas agora desconhecidas!

Brútus – Quantas vezes não irá César sangrar para fins de entretenimento, o mesmo César que agora jaz ao pedestal de Pompeia, junto a coisa tão sem valor quanto o pó!

Cássio – Sempre que isso acontecer, seremos aclamados como o bando de homens que deu liberdade a seu país.

Décio – E agora, saímos?

Cássio – Sim, vamos todos embora. Brútus vai na frente, e nós adornaremos seu rastro com os corações mais infinitamente ousados e melhores de Roma.

[Entra um Criado.]

Brútus – Silêncio, vem vindo alguém. Um amigo de Antônio.

Criado – Assim, Brútus, meu mestre ordenou-me ajoelhar, e assim Marco Antônio ordenou-me cair a seus pés, e, em colocando-me prostrado, assim ele me ordenou que eu falasse: Brútus é nobre, sábio, valente e honrado; César era poder, audácia, soberania e amor. Dize que eu amo a Brútus, e o respeito. Dize que eu temia a César, respeitava-o e o amava. Se Brútus permitir que Antônio o visite em segurança, permitindo assim que Antônio convença-se de que César mereceu cair morto, Marco Antônio amará mais a Brútus vivo que a César morto, e acompanhará de perto, com a maior boa-fé e com a máxima fidelidade, os haveres e os negócios do nobre Brútus em todos os riscos deste estado de coisas jamais antes trilhado. Isso diz o meu amo, Antônio.

Brútus – Teu amo é um romano sábio e valente, e dele jamais pensei menos que isso. Dize a ele que venha, por obséquio, até aqui neste lugar, e ele ficará satisfeito com o que tenho a dizer, e ele tem minha palavra de honra que daqui ele partirá ileso.

Criado – Vou buscá-lo já.

[Sai o Criado.]

Brútus – Eu sei que devemos tê-lo do nosso lado.

Cássio – Espero que seja possível. E, no entanto, algo me diz que devo temê-lo, e muito, e minhas apreensões sempre acabam por revelar-se incomodamente próximas da realidade.

[Entra Antônio.]

Brútus – Mas eis que vem chegando Antônio. – Bem-vindo, Marco Antônio!

Antônio – Ó poderoso César! Decaístes tanto assim? Estão todas as vossas conquistas, glórias, triunfos, espólio encolhidos a esse pouco tamanho? Ide em paz! – Não sei, gentis homens, o que pretendem, quem mais deve sangrar, quem mais está contaminado. Se eu mesmo, não há hora mais propícia que a hora mesma da morte de César, nem instrumento de mais valor que essas suas espadas, enriquecidas como estão com o sangue mais nobre que este mundo já viu. Suplico aos senhores: se contra mim guardam rancor, agora, enquanto suas mãos purpúreas ainda fumigam e cheiram mal, satisfaçam a sua vontade. Mesmo que eu viva mil anos, jamais estarei tão pronto para morrer: nenhum lugar será mais agradável que este, nenhum modo de morrer como aqui ao lado de César e por vocês retalhado, espíritos magistrais e eleitos destes nossos tempos.

Brútus – Ah, Antônio, não peça de nós a sua morte. Muito embora possamos parecer agora sanguinários e cruéis, posto que com nossas próprias mãos você vê que perpetramos este nosso ato, você está tão somente vendo nossas mãos e este derramamento de sangue que elas executaram. Nossos corações, que você não enxerga, eles estão cheios de compaixão, e compaixão pela generalizada afronta a Roma. Assim como de um incêndio nasce outro incêndio, também uma compaixão destrói outra compaixão. Este ato perpetrado contra César está feito. Quanto a você, nossas espadas para com você têm pontas serenas, Marco Antônio. Nossos braços, fortes em sua crueldade, e nossos corações, de temperamento fraterno, recebem-no com amor sincero, bons pensamentos e reverência.

Cássio – Sua voz terá tanta força quanto a de qualquer homem na distribuição de novos altos cargos do Estado.

Brútus – Apenas seja paciente até que tenhamos apaziguado a multidão, fora de si de tão amedrontada, e então lhe apresentaremos a razão de por que eu, que amava a César quando o atingi, procedi dessa maneira.

Antônio – Não duvido de sua sabedoria. Que cada homem estenda-me a mão ensanguentada. Primeiro, Marcos Brútus, um aperto de mão com você. Depois, Caio Cássio, aperto a sua mão. Agora, Décio Brútus, a sua; agora a sua, Mételus; a sua, Cinna; e, meu valente Caska, a sua; por último, mas nem por isso com menos amor, aperto sua mão, meu bom Trebônio. Gentis homens, todos; ai de mim, o que me resta dizer? Minha reputação agora encontra-se em areias tão movediças que os senhores devem imaginar que sou, das duas, uma: um covarde ou um bajulador. – Que eu te amei, César, ah, isso é verdade. Se então teu espírito nos está enxergando agora, não estará te doendo mais que tua própria morte ver o teu Antônio fazendo as pazes, apertando as mãos ensanguentadas de teus inimigos – nobilíssimos – na presença de teu corpo? Tivesse eu tantos olhos quantas são as feridas em teu corpo, chorando os meus olhos tanto quanto derrama-se o teu sangue, isso me seria mais apropriado que fazer um acordo em termos de amizade com teus desafetos. Perdoa-me, Júlio! Aqui te viste encurralado, bravo coração; aqui tombaste; e aqui teus caçadores estão, abocanhando tuas vísceras, banhando-se nas águas de tua morte, purificando-se no esquecimento. Ah, que mundo este! Tu foste floresta para este teu gamo e este meu coração, ó dor!, foi verdadeiramente teu. E é como um gamo atingido por muitos príncipes que agora tu jazes aqui!

Cássio – Marco Antônio, ...

Antônio – Perdoe-me, Caio Cássio: os inimigos de César discursarão assim; entretanto, vindas de um amigo, são palavras frias e comedidas.

Cássio – Não lhe censuro por discursar em louvor de César, mas que pacto pretende você fazer conosco? Conta-se você entre nossos amigos, ou seguimos adiante e não contamos com você?

Antônio – Por esse motivo apertei a mão de cada um de vocês, mas, realmente, desviei-me da questão ao enxergar César. Amigo sou de todos vocês, e amo a todos vocês, com base na seguinte esperança: que vocês me deem motivos por que e em que César representava um perigo.

Brútus – Do contrário, isto terá sido um espetáculo de selvageria. Nossos motivos são tão plenos de justas considerações que, fosse você, Antônio, o filho de César, ficaria satisfeito com nossas explanações.

Antônio – Isso é tudo que vim buscar, e sou, além disso, peticionário da seguinte requisição: que eu possa conduzir o corpo até o Fórum e, do púlpito, como convém a um amigo, falar durante as cerimônias fúnebres.

Brútus – Você pode sim, Marco Antônio.

Cássio – Brútus, uma palavrinha com você. *[À parte, dirigindo-se a Brútus]* Você não tem noção do que está fazendo. Não consinta com essa ideia de Antônio falar durante as exéquias. Você tem ideia do quanto o povo pode ficar comovido com o que ele irá pronunciar?

Brútus *[à parte, dirigindo-se a Cássio]* – Com o seu perdão, estarei no púlpito primeiro eu, expondo as razões para a morte de nosso César. O que Antônio vier a falar, declaro eu que ele fala com licença e com permissão, e que nos deixa satisfeitos que César tenha todos os rituais apropriados, todas as celebrações de acordo com a lei. Isso vai nos favorecer mais que prejudicar-nos.

Cássio *[à parte, dirigindo-se a Brútus]* – Não sei o que pode acontecer, e não gosto disso.

Brútus – Marco Antônio, aqui, leve o corpo desse seu César. Você não falará, em seu discurso fúnebre, contra nós, mas falará bem de César, tanto quanto lhe for possível, e dirá que fala com nossa permissão. Caso contrário, você não participa dos funerais. E você falará do mesmo púlpito de onde falarei eu, depois de haver eu concluído o meu discurso.

Antônio – Que assim seja; eu não quero mais que isso.

Brútus – Então prepare o corpo e siga-nos.

[Saem todos, menos Antônio.]

Antônio – Ah, perdoai-me, pedaço ensanguentado de terra, por eu ser gentil e dócil com esses açougueiros! Vós sois a ruína do mais nobre homem que já viveu na maré dos tempos. Desgraçada seja a mão que derramou esse sangue sacrificado! Sobre vossas chagas eu agora profetizo – terão emudecidas suas bocas os que abrirem seus lábios de rubi para suplicar pela voz e pronunciamento de minha língua – uma praga cairá sobre os ombros dos homens: a fúria dos cidadãos e uma luta civil feroz esmagarão todas as partes da Itália; sangue e destruição farão parte da rotina, e objetos os mais pavorosos serão coisas tão familiares a todos que as mães não terão outra reação que não sorrir quando enxergarem seus bebês de colo esquartejados pelas mãos da guerra, toda a piedade engasgada pelo corriqueiro de atos torpes. Ao lado de Ate, a deusa da discórdia, que nos chegará fervendo do inferno, veremos o espírito de César, errante e sedento de vingança, e ele, com voz de monarca, gritará nestes confins: "Devastar!"* Ele vai então soltar os cães de guerra, para que este ato vil venha a soltar sobre a terra sua catinga, de homens apodrecidos, gemendo para serem enterrados. *[Entra o Criado de Otávio.]* Você é o criado de Otávio César, não?

Criado – Sim, Marco Antônio.

Antônio – César escreveu a ele, pedindo-lhe que viesse a Roma.

Criado – Ele recebeu as cartas, e está vindo, e mandou-me vir dizer-lhe de viva voz... *[Avistando o corpo.]*

Oh, César!

Antônio – Teu coração está machucado, afasta-te daqui e verte tuas lágrimas. Vejo que o sofrimento é contagiante, pois meus olhos, ao presenciarem o

---

* No original, "Havoc!", ordem para matar e pilhar, prerrogativa dos reis. (N.T.)

choro dolorido dos teus, começaram a lacrimejar. O teu amo está a caminho?

CRIADO – Esta noite ele dorme a sete léguas de Roma.

ANTÔNIO – Corre de volta, depressa, e conta-lhe o sucedido. Aqui temos uma Roma enlutada, uma Roma perigosa, um lugar que por enquanto não oferece segurança para Otávio. Apressa-te daqui e diz-lhe isso. Mas, não, espera um pouco; tu não voltas antes de eu carregar este corpo até o Fórum. Lá testarei com meu discurso como o povo entende a cruel consequência do ato desses homens sanguinários, e, de acordo com isso, tu vais descrever ao jovem Otávio o estado das coisas. Ajuda-me aqui.

[Saem (com o corpo de César).]

CENA II
Roma. O Fórum.

[Entram Brútus e Cássio com os Plebeus.]

TODOS – Exigimos uma satisfação! Deem uma satisfação!

BRÚTUS – Então sigam-me e me deem sua atenção, amigos. Cássio, vá você até a outra rua, e divida-se a multidão. Os que vão ficar para me escutar, fiquem onde estão. Os que vão ouvir Cássio, sigam-no. E razões públicas serão apresentadas para a morte de César.

Primeiro Plebeu – Vou ouvir Brútus falar.

Segundo Plebeu – Ouvirei Cássio e poderemos comparar as palavras de um e de outro assim que tivermos ouvido em separado as razões apresentadas.

[Sai Cássio com alguns dos Plebeus.]
[Brútus sobe ao púlpito.]

Terceiro Plebeu – O nobre Brútus subiu ao púlpito. Silêncio!

Brútus – Escutem, com paciência, até o fim. Romanos, compatriotas e amigos, ouçam-me defender minha causa e permaneçam em silêncio, para que possam me ouvir. Acreditem-me quando falo de minha honra e levem em consideração essa honra que é minha e na qual os senhores podem acreditar. Julguem-me com sua sabedoria e despertem todos os seus poderes de raciocínio para que os senhores possam melhor julgar. Se houver nesta assembleia algum amigo querido de César, a ele eu digo que o amor de Brútus por César não foi menor que o seu próprio. Se esse amigo então perguntar por que Brútus insurgiu-se contra César, eis minha resposta: não porque eu amasse menos a César, mas porque eu amo ainda mais a Roma. Prefeririam os senhores que César estivesse vivo e morrêssemos todos escravos, do que ter César morto e vivermos todos como homens livres? Tanto quanto César me amou, agora eu choro por ele; o quanto ele foi bem-afortunado, isso em muito me alegra; César teve tanta coragem quanto eu tenho respeito por ele; mas, por ser ele tão ambicioso, eu o matei. Há lágrimas por seu amor, alegria por sua boa sorte, respeito por seu valor e morte por sua ambição. Quem aqui é tão vil a ponto de ser um escravo? Se alguém, fale, pois a esse alguém eu ofendi. Quem aqui é tão ignorante a ponto de não ser um romano? Se alguém, fale, pois a esse alguém eu ofendi. Quem aqui é tão vil a ponto de não amar seu país? Se alguém, fale, pois a esse alguém eu ofendi. Faço agora uma pausa para a réplica.

Todos – Ninguém, Brútus, ninguém.

Brútus – Então, a ninguém eu ofendi. Não fiz a César mais do que os senhores têm obrigação de fazer a Brútus. A questão de sua morte está devidamente registrada no Capitólio, sua glória não diminuiu naquilo em que ele foi valoroso, e tampouco deu-se ênfase aos crimes pelos quais ele foi executado.

[Entra Marco Antônio (e outros), com o corpo de César.]

Eis que vem chegando o seu corpo, pranteado por Marco Antônio, que, embora não tenha participado de sua morte, receberá os benefícios de seu desaparecimento: uma posição no Estado. E quem dentre os senhores não receberá uma posição no Estado! Retiro-me com as seguintes palavras: assim como assassinei meu melhor amigo pelo bem de Roma, que eu tenha o mesmo punhal para mim mesmo quando for conveniente para o meu país a necessidade de minha morte.

[Desce do púlpito.]

Todos – Viva, Brútus, viva, viva!

Primeiro Plebeu – Carreguem-no em triunfo de volta para sua casa.

Segundo Plebeu – Façam-lhe uma estátua junto à de seus ancestrais.

Terceiro Plebeu – Que seja ele o próximo César!

Quarto Plebeu – Que sejam coroadas em Brútus as melhores facetas de César.

Primeiro Plebeu – Nós o levaremos até sua casa com vivas e clamores.

Brútus – Meus compatriotas, ...

Segundo Plebeu – Quietos, silêncio, Brútus vai falar!

Primeiro Plebeu – Vamos, quietos!

Brútus – Meus caros compatriotas, permitam-me que eu me retire desacompanhado. E façam isto por mim: fiquem aqui, com Antônio. Prestem respeito ao corpo de César e ouçam com respeito o discurso de Antônio. Com nossa permissão, Marco Antônio terá vez para referir às glórias de César. Peço encarecidamente aos senhores: nenhum homem sai daqui, salvo eu mesmo, até que Antônio tenha terminado seu pronunciamento.

[Sai.]

Primeiro Plebeu – Permaneçam quietos, e vamos ouvir Marco Antônio.

Terceiro Plebeu – Deixem-no subir à cátedra pública, e nós o ouviremos. Nobre Antônio, suba.

Antônio – Depois das palavras de Brútus, tenho esta dívida para com os senhores.

[Sobe ao púlpito.]

Quarto Plebeu – O que disse ele de Brútus?

Terceiro Plebeu – Que, depois das palavras de Brútus, ele tem uma dívida para com todos nós.

Quarto Plebeu – É melhor ele não falar mal de Brútus aqui!

Primeiro Plebeu – Esse César era um tirano.

Terceiro Plebeu – Sim, com certeza; é uma bênção para nós que Roma dele está livre.

Segundo Plebeu – Quietos, vamos ouvir o que Antônio tem para nos dizer.

Antônio – Meus senhores, gentis romanos, ...

Todos – Quietos, todos, vamos ouvi-lo.

Antônio – Amigos, romanos, compatriotas, emprestem-me os seus ouvidos! Venho enterrar César, e não tecer-lhe loas. O mal que os homens cometem vive para depois de suas mortes; o bem que fizeram quase sempre enterra-se junto com seus ossos. Então, que assim seja também com César. O nobre Brútus falou-lhes de como César era ambicioso; se assim foi, era um defeito grave, que lhe foi cruelmente cobrado. Aqui vim, com a licença de Brútus e dos outros – pois que Brútus é um homem honrado, e também o são os outros, todos homens honrados –, vim para falar no enterro de César. Ele era meu amigo, fiel e justo para comigo, mas Brútus diz que ele era ambicioso, e Brútus é um homem honrado. Ele trouxe muitos prisioneiros para Roma, cujos resgates abarrotaram os cofres do povo; isso era ambição em César? Quando os pobres choravam, César vertia lágrimas; a ambição devia ser feita de matéria mais dura. E, no entanto, Brútus diz que ele era ambicioso, e Brútus é um homem honrado. Os senhores todos viram que, nas Lupercais, por três vezes ofereci a ele uma coroa de rei, que três vezes ele recusou. Era isso ambição? E, no entanto, Brútus diz que ele era ambicioso, e com certeza ele é um homem honrado. Não falo para refutar o que Brútus disse, mas estou aqui para falar daquilo que eu sei. Todos os senhores amaram a César, e com justos motivos. Que motivos então os senhores têm agora para não se enlutarem por ele? Ó discernimento, tu te refugiaste nos mais brutos animais, e os homens perderam o juízo! Sejam pacientes comigo, meu coração está naquele esquife, com César, e preciso descansar, até que ele volte ao meu peito.

Primeiro Plebeu – A mim me parece que tem muito bom-senso o que ele diz.

Segundo Plebeu – Se tu consideras com justeza a questão, César foi muito injustiçado.

Terceiro Plebeu – E foi mesmo, mestres! Meu receio é de que um pior que ele vá substituí-lo.

Quarto Plebeu – Prestaram atenção nas palavras dele? Ele não aceitou a coroa, portanto é certo que ele não era ambicioso.

Primeiro Plebeu – Se assim ficar verificado, tem gente que vai pagar caro por isso.

Segundo Plebeu – Pobre alma, com os olhos vermelhos como fogo de tanto chorar.

Terceiro Plebeu – Não há em Roma homem mais nobre que Antônio.

Quarto Plebeu – Agora prestem atenção nele, que ele vai falar de novo.

Antônio – Ainda ontem a palavra de César podia posicionar-se contra o mundo; agora, aqui ele jaz, e todos pensam que reverenciá-lo seria rebaixar-se. Ah, mestres, se eu estivesse disposto a incitar seus corações e mentes em direção à desobediência civil e à raiva, eu estaria cometendo uma injustiça contra Brútus e eu estaria cometendo uma injustiça contra Cássio, que (como vocês todos sabem) são homens honrados. Não cometerei injustiças contra eles; prefiro, isto sim, cometer injustiças contra o morto, contra mim mesmo e contra os senhores, antes de ser injusto com homens tão honrados. Mas aqui temos um pergaminho com o lacre de César que encontrei em seu armário, e é seu testamento. Se o povo e tão somente o povo ouvisse as últimas vontades de César (que, me perdoem os senhores, eu não pretendo ler), o povo beijaria as chagas de César morto e mergulharia seus lenços em seu sangue sagrado, sim, mendigando por um fio de cabelo dele como lembrança que, ao morrer, mencionam em seus testamentos, legando-a como um valioso bem a seus descendentes.

Quarto Plebeu – Ouviremos o testamento de César. Leia-o, Marco Antônio.

Todos – O testamento, queremos ouvir o testamento de César!

Antônio – Tenham paciência, gentis amigos, eu não devo. Não é conveniente que os senhores saibam o quanto César os amava. Os senhores não são feitos de madeira, nem de pedra, são homens, e, sendo homens, ao ouvirem o testamento de César, isso irá inflamá-los, isso os enlouquecerá. É bom que os senhores não saibam que são os herdeiros de César, pois, se soubessem, ah, o que aconteceria?

Quarto Plebeu – Leia o testamento, vamos ouvir o testamento, Antônio. Você precisa nos ler o testamento de César!

Antônio – Os senhores terão paciência? Vão esperar? Já fui além de minhas intenções, mencionando o testamento aos senhores. Receio que tenha feito uma injustiça contra os honrados homens cujos punhais assassinaram César, isso eu receio.

Quarto Plebeu – Eles se mostraram traidores. Homens honrados!

Todos – O testamento! O testamento!

Segundo Plebeu – Eles cometeram vilania, assassinato! O testamento, leia o testamento!

Antônio – Os senhores querem me obrigar a ler o testamento? Façam então um círculo ao redor do corpo de César e deixem-me mostrar-lhes aquele que escreveu o testamento. Devo descer? Os senhores me darão licença?

Todos – Desça!

Segundo Plebeu – Desça!

Terceiro Plebeu – Você tem licença.

[Antônio desce do púlpito.]

Quarto Plebeu – Um círculo, façam uma roda.

Primeiro Plebeu – Afastem-se do esquife, afastem-se do corpo.

Segundo Plebeu – Abram caminho para Antônio, o nobilíssimo Antônio.

Antônio – Não, não me apertem, afastem-se.

Todos – Para trás! Façam espaço, fiquem mais para trás!

Antônio – Se os senhores têm lágrimas, preparem-se para derramá-las agora. Todos conhecem esse manto. Lembro da primeira vez que César usou esse manto: foi numa noite de verão, em sua barraca, no dia que ele derrotou os Nervii, os guerreiros belgas mais difíceis de vencer. Vejam, aqui entrou o punhal de Cássio. Vejam que rasgão fez Caska, pessoa maldosa. Aqui apunhalou o bem-amado Brútus e, quando ele puxou a maldita lâmina de volta, observem como o sangue de César correu atrás, como saindo às pressas de casa para a rua, para verificar se Brútus havia mesmo batido à porta de modo tão desumano, pois Brútus, como os senhores sabem, era o preferido de César. Julgai, ó deuses, o quanto César o amava! Esse foi o talho mais desumano de todos. Pois, quando o nobre César viu Brútus apunhalá-lo, a ingratidão, mais forte que os braços dos traidores, derrotou-o por completo. Então rompeu-se nele o coração poderoso e, escondendo o rosto em seu manto, ali mesmo, ao pedestal da estátua de Pompeu (que o tempo todo sangrava), caiu o grande César. Ah, que queda, meus compatriotas! Pois eu, e os senhores, e todos nós caímos, enquanto traição sanguinolenta florescia sobre nós. Ah, agora os senhores choram, e consigo perceber nos senhores que começam a sentir a força da compaixão. As suas são lágrimas de misericórdia. Almas de bondade, por que choram os senhores quando tudo que estão vendo é o traje machucado de nosso César? Olhem aqui, ei-lo aqui, ele mesmo, desfigurado, como os senhores podem ver, por traidores.

Primeiro Plebeu – Ah, que espetáculo lamentável!

Segundo Plebeu – Ah, nobre César!

Terceiro Plebeu – Ah, que dia medonho!

Quarto Plebeu – Ah, traidores!

Primeiro Plebeu – Ah, visão de sanguinolência!

Segundo Plebeu – Ele será vingado!

Todos – Vingança! Vamos lá! Procurem! Queimem! Toquem fogo! Matem! Acabem com eles! Que não fique vivo nenhum traidor!

Antônio – Esperem, compatriotas.

Primeiro Plebeu – Quietos aí, ouçam o nobre Antônio.

Segundo Plebeu – Vamos ouvi-lo, vamos segui-lo, morreremos por ele.

Antônio – Meus bons amigos, meus queridos amigos, não permitam que eu os incite a uma amotinação impensada. Aqueles que perpetraram este ato são homens honrados. Que ressentimentos de caráter privado eles têm, eu desconheço, que os levou a cometer assassinato. Eles são sábios e honrados e, com certeza, responderão aos senhores expondo suas razões. Eu não vim aqui, amigos, para roubar-lhes o coração. Não sou um orador, como Brútus, mas sim – como os senhores todos me conhecem – um homem comum, bronco, que amava meu amigo, e isso eles sabem muito bem, tanto que me foi dada licença pública para falar sobre ele. Eu não tenho nem a inteligência, nem as palavras, não tenho autoridade, postura, dicção, nem a força do discurso para despertar o sangue dos homens. Eu apenas vou falando. Conto-lhes aquilo que os senhores já sabem. Mostro-lhes as feridas de nosso querido César, lastimáveis, pobres e mudas bocas, e peço a elas que falem por mim. Mas, fosse eu Brútus, e Brútus, Antônio, aí, sim, haveria um Antônio para atiçar-lhes o espírito e para dar voz a cada ferida de César, tanto que as pedras de Roma levantar-se-iam, revoltadas.

Todos – Nós estamos revoltados!

Primeiro Plebeu – Vamos queimar a casa de Brútus.

Terceiro Plebeu – Vamos, embora, procurem os conspiradores.

Antônio – Ouçam-me, compatriotas, ouçam-me, que eu vou falar.

Todos – Quietos, ei, ouçam Antônio, o nobilíssimo Antônio.

Antônio – Ora, amigos, os senhores vão fazer não sabem o quê. Por que razão César mereceu sua afeição? Ai de mim, vocês não sabem! Então eu devo contar-lhes: os senhores esqueceram o testamento de que lhes falei.

Todos – É verdade. O testamento, vamos ficar e ouvir o testamento!

Antônio – Eis aqui o testamento, e com o selo de César: a cada cidadão romano ele doa, a todo e cada um, setenta e cinco dracmas.

Segundo Plebeu – Nobilíssimo César, nós vingaremos a morte dele!

Terceiro Plebeu – Ah, soberano César!

Antônio – Ouçam-me com paciência.

Todos – Ei, quietos!

Antônio – Além disso, ele deixou para os senhores todos os seus jardins, seus arvoredos particulares e os pomares recém-plantados deste lado do Tibre; isso tudo ele deixou para os senhores, e para seus herdeiros, para todo o sempre – o lazer público, de caminhar ao ar livre e divertir-se. Esse foi um César! Quando teremos outro?

Primeiro Plebeu – Nunca, nunca! Vamos embora daqui! Vamos incinerar o corpo dele no local sagrado e, com os tições da pira, vamos atear fogo às casas dos traidores. Peguem o corpo.

Segundo Plebeu – Tragam lenha!

Terceiro Plebeu – Arranquem-se as bancadas!

Quarto Plebeu – Arranquem-se os bancos, os postigos, qualquer coisa!

[Saem os Plebeus, com o corpo.]

Antônio – Agora é deixar acontecer. Intriga, vós estais em marcha; tomai o curso que for de vossa vontade!

[Entra o Criado.]

O que há, rapaz?

Criado – Senhor, Otávio já está em Roma.

Antônio – Onde ele está?

Criado – Ele e Lépidus estão na casa de César.

Antônio – E lá estarei eu também; vou direto visitá-lo. Ele chega em ótima hora. A sorte nos sorri e, bem-humorada desse jeito, nos concederá tudo o que queremos.

Criado – Ouvi Otávio dizer que Brútus e Cássio passaram a cavalo, como dois ensandecidos, pelos portões de Roma.

Antônio – Provavelmente ficaram sabendo do povo, de como eu os comovi, como eu os provoquei. Leva-me até Otávio.

[Saem.]

CENA III
Roma. Uma rua.

[Entra Cinna, o poeta, e, depois dele, os Plebeus.]

Cinna – Sonhei esta noite que banqueteava com César, e coisas nefastas vêm pôr um peso em minha fantasia. Não tenho vontade nenhuma de sair de casa e, no entanto, algo me impele às ruas.

Primeiro Plebeu – Qual o seu nome?

Segundo Plebeu – Aonde o senhor está indo?

Terceiro Plebeu – Onde o senhor mora?

Quarto Plebeu – O senhor é casado ou solteiro?

Segundo Plebeu – Responda a cada um, e sem rodeios.

Primeiro Plebeu – Isso, e em poucas palavras.

Quarto Plebeu – Isso, e de modo sensato.

Terceiro Plebeu – Isso, e é melhor que fale a verdade.

Cinna – Qual o meu nome? Aonde estou indo? Onde moro? Sou casado ou sou solteiro? E ainda responder a cada um sem rodeios, em poucas palavras, de modo sensato e falando a verdade. Por ser sensato, declaro que sou solteiro.

Segundo Plebeu – Isso é o mesmo que dizer que são tolos os que se casam. Acho que uma resposta dessas merece levar um soco. Continue, e sem fazer rodeios.

Cinna – Sem fazer rodeios, estou indo ao enterro de César.

Primeiro Plebeu – Como amigo ou como inimigo?

Cinna – Como amigo.

Segundo Plebeu – Essa questão foi respondida sem rodeios.

Quarto Plebeu – Diga em poucas palavras onde mora.

Cinna – Em poucas palavras, estou do lado do Capitólio.

Terceiro Plebeu – O seu nome, senhor, de verdade.

Cinna – De verdade, meu nome é Cinna.

Primeiro Plebeu – Façam-no em pedaços, ele é um dos conspiradores.

Cinna – Eu sou Cinna, o poeta. Sou Cinna, o poeta.

Quarto Plebeu – Façam-no em pedaços, por seus maus versos. Matem-no por seus maus versos.

Cinna – Eu não sou Cinna, o conspirador.

Quarto Plebeu – Não tem problema, o nome dele é Cinna. Arranquem apenas o nome dele de seu coração e levem-no daqui.

Terceiro Plebeu – Matem-no, matem-no! Vamos, tacar fogo, peguem seus tições! Vamos à casa de

Brútus, à casa de Cássio, que se queime tudo! Vão alguns à casa de Décio, outros até a casa de Caska, outros ainda para a casa de Ligário! Andando, vamos!

[Saem todos os Plebeus, carregando Cinna.]

QUARTO ATO

CENA I
Roma. Na casa de Antônio.

[Entram Antônio, Otávio e Lépidus.]

ANTÔNIO – Estes todos, portanto, devem morrer; seus nomes estão na lista.

OTÁVIO – Seu irmão também deve morrer; você concorda, não, Lépidus?

LÉPIDUS – Concordo.

OTÁVIO – Ponha-o na lista, Antônio.

LÉPIDUS – Mediante a condição de que Públio não fique vivo, o filho de sua irmã, Marco Antônio.

ANTÔNIO – Ele não ficará vivo; veja, com uma marca eu o condeno. Mas, Lépidus, vá até a casa de César e traga-nos o testamento, e então nós vamos determinar como faremos cortes em alguns dos encargos tributários desses legados.

LÉPIDUS – Então, devo encontrá-lo aqui?

OTÁVIO – Ou aqui ou no Capitólio.

[Sai Lépidus.]

ANTÔNIO – Esse é um homem insignificante, sem méritos, feito para levar recados. Você acha certo, dividido o mundo em três,* ser ele um dos três no comando?

OTÁVIO – Você achou certo ouvi-lo sobre quem marcar para morrer dentro de nossas negras sentenças e proscrições.

ANTÔNIO – Otávio, eu já vivi mais dias que você e, embora nós estejamos cobrindo de honras esse homem a fim de nos aliviarmos de várias cargas difamatórias, ele pode carregá-las como um burro carrega ouro, vergado, suado, fazendo o carreto, seja puxado ou empurrado, conforme nós apontamos o caminho. E, em tendo trazido nosso tesouro até onde queremos, nós o aliviamos de sua carga e o mandamos embora (como a um burro inútil) – que se vá às favas, e que vá pastar noutro lugar.

OTÁVIO – Você pode fazer o que quiser, mas ele é um soldado experimentado e corajoso.

ANTÔNIO – E meu cavalo também, Otávio, e por isso eu vou nomeá-lo depósito de mantimentos. É criatura que eu ensino a lutar, dar volta, parar, investir diretamente contra o inimigo, os movimentos de seu corpo governados pelo meu espírito. E, até certo ponto, Lépidus é isto: tem de ser ensinado e treinado e comandado para ir em frente, um sujeito de espírito infecundo, que se alimenta de objetos, artes e

---

* Europa, Ásia e África (Antônio ficou com a Gália Cisalpina e a Gália Transalpina; Lépidus ficou com a Gália Antiga e toda a Espanha; Otávio ficou com a África, Sicília e Sardenha). (N.T.)

imitações que, quando já fora de uso ou vulgarizados por outros homens, começam a ser moda para ele. Não me fale dele senão como de um instrumento. E agora, Otávio, atenção às grandes coisas. Brútus e Cássio estão recrutando forças; nós temos de montar um exército, e ligeiro. Portanto, que fique combinada a nossa aliança, que se determine quem são nossos melhores amigos, que se estiquem os nossos recursos, e vamos nos reunir de imediato, em particular, para decidirmos como denunciar as ameaças implícitas e como responder aos perigos declarados.

Otávio – Façamos isso, pois estamos acuados como bichos, nossos muitos inimigos latindo em nosso encalço, e os que nos sorriem, este o meu receio, trazem no coração milhões de maldades.

[Saem.]

CENA II

Campo de batalha, perto de Sardes. Em frente à barraca de Brútus.

[Tambores. Entram Brútus, Lucílio, Lúcio e o exército. Titínio e Píndaro vão ao seu encontro.]

Brútus – Alto lá, vocês!

Lucílio *[dirigindo-se a seus oficiais subordinados]* – Vocês estão no comando agora. A postos!

Brútus – E agora, Lucílio? Cássio já está próximo?

Lucílio – Bem pertinho, e Píndaro está aqui para saudá-lo em nome de seu mestre.

Brútus – Escolheu ele muito bem. Seu mestre, Píndaro, ou por ter mudado muito, ou por ter sido mal-aconselhado, deu-me razões para querer desfeitas coisas feitas, mas, se ele está por perto, virá até a mim, pois me deve satisfações.

Píndaro – Não tenho a menor dúvida de que meu nobre mestre aparecerá tal como ele é, respeitável e honrado.

Brútus – Disso ninguém duvida.

[Brútus e Lucílio separam-se.]

Uma palavrinha, Lucílio, sobre como ele o recebeu; preciso dessa informação.

Lucílio – Com cortesia, e suficiente respeito, mas não com mostras de familiaridade, nem com uma conversa espontânea e amigável como era de seu costume.

Brútus – Você acaba de me descrever um amigo que está se afastando. Você pode observar, Lucílio, que quando o amor começa a adoecer e a se deteriorar, ele usa de cerimônias forçadas. Não é artificial o afeto puro e simples, mas homens insinceros, eles são como cavalos, cheios de energia ao se deixarem domar, exibindo e prometendo seus brios. *[Escutam--se tropas em marcha que vêm chegando.]* Mas quando eles têm de aguentar a espora sanguinária, abaixam a crina e, como enganadores rocins, não passam no teste. E o exército dele, está vindo?

Lucílio – Eles pretendem estar acantonados em Sardes ainda esta noite. A maior parte, a cavalaria, está vindo com Cássio.

[Entra Cássio com seus comandados.]

Brútus – Escute, que ele chegou. Marche ao encontro dele, com garbo.

Cássio – Alto lá!

Brútus – Alto lá, passe adiante essa ordem!

Primeiro Soldado – Alto!

Segundo Soldado – Alto!

Terceiro Soldado – Alto!

Cássio – Meu mui nobre irmão, você me prejudicou.

Brútus – Julgai-me, ó deuses! Prejudiquei eu os meus inimigos? E, se não é este o caso, como poderia eu prejudicar um irmão?

Cássio – Brútus, esse seu comportamento sóbrio esconde injustiças, e quando você as comete…

Brútus – Cássio, fique tranquilo, exponha com calma as suas queixas, eu lhe conheço bem. Ante os olhares de nossos dois exércitos aqui (que não devem receber de nós outra coisa que não amor), não vamos nos altercar. Peça a eles que se afastem. Depois então, em minha barraca, Cássio, dê vazão às suas queixas, e eu lhe darei ouvidos.

Cássio – Píndaro, peça aos nossos comandantes que levem suas tropas para um pouco mais longe daqui.

Brútus – Lúcio, faça você o mesmo, e que nenhum homem aproxime-se de nossa barraca até que essa conferência tenha chegado a um fim.

[Saem todos, menos Brútus e Cássio.]

CENA III
No campo de batalha perto de Sardes. Na barraca de Brútus.

Cássio – Que você me prejudicou fica claro pelo seguinte: você condenou e estigmatizou Lúcio Pella por aceitar suborno aqui dos homens de Sardes, sendo que minhas cartas, com solicitações em favor dele, porque eu conhecia o homem, foram desconsideradas.

Brútus – Você prejudicou a si mesmo, ao escrever com referência a esse caso.

Cássio – Em tempos como os de hoje, não condiz ater-se a cada mínimo insulto.

Brútus – Deixe-me dizer-lhe, Cássio, que você mesmo condena-se a si próprio, pois tem uma coceira na palma da mão, louco que está para vender e trocar favores por ouro a seus inferiores.

Cássio – Eu, coceira na palma da mão? Você sabe que quem está dizendo isso é Brútus, ou então, pelos deuses, essas palavras podem ser as últimas que você pronuncia.

BRÚTUS – O nome de Cássio honra essa corrupção, e o castigo devido, portanto, fica esquecido, escondido.

CÁSSIO – Castigo?

BRÚTUS – Lembra março, os idos de março, lembra? O grande Júlio não sangrou em nome da justiça? Quem foi o vilão que tocou-lhe o corpo e apunhalou-o se não por justiça? Por que, se não para sustentar ladrões, iria um de nós, que atacamos o mais importante líder deste mundo, contaminar os dedos com propinas infames e vender nossos altos cargos de largas honras por tanto vil metal quanto pudessem as suas munhecas agarrar? Eu preferiria ser um cachorro e latir para a lua que ser esse romano.

CÁSSIO – Brútus, não me ataque assim, que eu não vou tolerar. Você se esqueceu de me pôr sob cerco. Sou um soldado, eu, com mais tempo de prática, mais hábil que você em fazer acordos.

BRÚTUS – Deixe disso, Cássio, você não é, não.

CÁSSIO – Sou, sim.

BRÚTUS – Eu digo que não é.

CÁSSIO – Não me pressione, Brútus, que sou capaz de perder a cabeça. Tenha amor à própria pele, e não me provoques mais!

BRÚTUS – Fora daqui, criatura insignificante!

CÁSSIO – Eu não acredito!

BRÚTUS – Ouça-me, pois quem fala agora sou eu. Devo abrir caminho e dar espaço à sua cólera irrefletida?

Devo eu ficar com medo quando encontro o olhar fixo de um louco?

Cássio – Deuses, ó deuses, dizei-me: preciso eu tolerar isso tudo?

Brútus – Isso tudo? Sim, e mais. Vá se corroendo, até que se parta o seu coração orgulhoso. Mostre aos seus escravos como você é colérico e faça estremecerem os seus criados. Devo eu encolher-me? Devo eu tratá-lo com respeito? Devo eu pôr-me de pé e curvar-me diante de seu temperamento irascível? Em nome dos deuses, você vai ter de digerir a sua própria bílis, mesmo que ela acabe digerindo você. Pois, de hoje em diante, estarei usando você para minha diversão; sim, para dar risada, sempre que você estiver irritadiço.

Cássio – Chegamos a esse ponto?

Brútus – Você se diz melhor soldado. Pois que isso apareça: transforme em verdade essa arrogância, e eu me darei por satisfeito. De minha parte, ficarei feliz em aprender com homens nobres.

Cássio – Você me prejudica de todas as maneiras, e é injusto comigo, Brútus. Eu disse um soldado mais antigo, não melhor. Por um acaso eu disse "melhor"?

Brútus – Se disse, não me interessa.

Cássio – Quando César era vivo, ele jamais se atreveu a afrontar-me tanto assim.

Brútus – Calma, calma: você não se atreveu a provocá-lo tanto assim.

Cássio – Eu não me atrevi?

Brútus – Não.

Cássio – O quê? Não me atrevi a provocá-lo?

Brútus – Pelo amor à sua vida, não, você não se atreveu.

Cássio – Não faça muitas conjeturas quanto ao meu amor, que eu sou capaz de fazer coisas das quais posso me arrepender.

Brútus – Você já fez coisas das quais pode se arrepender. Não tem pavor nenhum, Cássio, em suas ameaças, pois eu estou tão fortemente armado de integridade que elas passam por mim como o vento ocioso, ao qual nem dou atenção. Mandei pedir-lhe certas quantias em ouro, as quais você me negou, pois eu não sei levantar fundos por meios ilícitos. Pelos céus, eu preferiria cunhar moedas de meu próprio coração, e doar meu sangue em troca de dracmas, do que extorquir das mãos ásperas de camponeses o refugo infame de suas vidas, por meios dúbios. Mandei pedir-lhe ouro que era para pagar minhas tropas, o que você me negou. Isso foi feito à maneira de Cássio? Deveria eu ter respondido assim a Caio Cássio? Quando Marcos Brútus torna-se ganancioso a ponto de esconder de seus amigos moedas falsas, preparai-vos, ó deuses, com todos os vossos raios e relâmpagos: destroçai esse Brútus!

Cássio – Eu não me neguei a enviar-lhe o ouro.

Brútus – Negou-se, sim.

Cássio – Não me neguei. Foi um grande tolo, quem levou minha resposta para você. Brútus me rasgou o coração. Um amigo deve aguentar as enfermidades de seu amigo, mas Brútus vê minhas mazelas maiores do que elas na verdade o são.

Brútus – Eu não faço isso, a menos que você as exerça contra mim.

Cássio – Você não me tem amor.

Brútus – Eu não gosto de seus defeitos.

Cássio – Um olhar fraterno jamais enxergaria esses defeitos.

Brútus – O olhar de um bajulador não os enxergaria, fossem eles tão enormes como o Olimpo.

Cássio – Venha, Antônio, e você, Otávio, venha, vinguem-se apenas em Cássio, pois Cássio é homem cansado do mundo: odiado por quem ele ama, desafiado pelo próprio irmão, repreendido como se fosse um criado, todos os seus defeitos observados, anotados em caderno, estudados, memorizados, decorados, para me serem jogados na cara, em alta censura. Ah, que eu agora podia botar a alma para fora, de tanto chorar. Eis aqui meu punhal; eis aqui meu peito nu e, dentro dele, um coração – mais precioso que a mina de Plútus, mais rico que ouro puro. Se é que sois um romano, arrancai-o de mim; eu, que vos neguei ouro, dou a vós o meu coração. Vamos, ataca, como fizeste a César. Pois eu sei: quando mais odiaste a César, tu o amaste mais do que jamais amaste a Cássio.

Brútus – Devolva o punhal à sua bainha. Fique irado quando bem entender, pois sua raiva deve ter espaço para extravasar-se. Faça o que bem entender, seus insultos serão interpretados como um desatino passageiro. Ah, Cássio, você está atrelado a um cordeiro que carrega o fardo de uma raiva como a pederneira é portadora de fogo: só quando se bate nela é que mostra uma centelha fugaz, para logo em seguida mostrar-se gelada.

Cássio – Então Cássio viveu para ser motivo de diversão e riso para o seu Brútus justo quando a dor e o sangue destemperado mais o afligem?

Brútus – Quando falei aquilo, eu também estava destemperado.

Cássio – Então você confessa? Dê-me a sua mão.

Brútus – E o meu coração também.

Cássio – Ah, Brútus!

Brútus – Qual é o problema?

Cássio – Será que você não tem amor suficiente para me aturar quando esse gênio ruim que herdei de minha mãe me torna um homem esquecido?

Brútus – Sim, Cássio, e, de agora em diante, quando você mostrar-se intenso demais com o seu Brútus, ele vai pensar em como a senhora sua mãe o repreendia, e deixa-se tudo por isso mesmo.

[Entram um Poeta, Lucílio e Titínio.]

Poeta – Deixem-me entrar, preciso ver os generais. Tem algum ressentimento entre os dois, não é conveniente que fiquem sozinhos.

Lucílio – Você não pode ir até eles.

Poeta – Nada me deterá, salvo a morte.

Cássio – Mas o que é isso, agora? O que está havendo?

Poeta – Tenham vergonha, os dois! O que é isso, senhores generais?

Tenham amor um ao outro, sejam amigos, como devem ser dois iguais.

Falo porque estou neste mundo há mais tempo que vocês, muito mais.

Cássio – Ha, ha, que esse cínico sabe montar rimas desprezíveis, isso ele sabe.

Brútus – Venha até aqui, seu Fulano. Ô, sujeito insolente, aqui!

Cássio – Tenha paciência com ele, Brútus, isso agora é moda.

Brútus – Aceito a esquisitice dele quando ele souber que há um momento apropriado para cada coisa. O que devem as guerras fazer com esses bobalhões que se saracoteiam por aí? Para fora daqui, companheiro.

Cássio – Passa fora, vai!

[Sai o Poeta.]

Brútus – Lucílio e Titínio, peçam aos comandantes que se preparem para alojar suas companhias por esta noite.

Cássio – E vocês, venham para cá e tragam Messala junto com vocês, agora mesmo.

[Saem Lucílio e Titínio.]

Brútus *[dirigindo-se a Lúcio, que não está em cena]* – Lúcio, uma jarra de vinho!

Cássio – Jamais imaginei que você fosse ficar tão irado.

Brútus – Ah, Cássio, eu estou cansado de tantos pesares.

Cássio – Você não está fazendo uso de seu estoicismo quando cede aos danos incidentais.

Brútus – Ninguém aguenta tanta dor. Pórtia morreu.

Cássio – O quê? Pórtia?

Brútus – Morta.

Cássio – Como foi que eu escapei de ser morto quando o contrariei tanto? Ah, que dor insuportável, que lástima! De que doença ela padeceu?

Brútus – Impaciente com minha ausência, e desgostosa por terem se tornado tão poderosos o jovem Otávio e Marco Antônio (pois com a morte de Pórtia foi que recebi tais notícias). Com isso, ela ficou perturbada e, num momento em que se ausentaram os criados, engoliu carvão em brasa.

Cássio – Morreu disso?

Brútus – Disso mesmo.

Cássio – Ah, meus deuses imortais!

[Entra o menino (Lúcio) com vinho e círios.]

Brútus – Não fale mais nela. Dê-me uma jarra de vinho. É aqui que enterro todas as desventuras, Cássio.

[Bebe.]

Cássio – Meu coração tem sede de brindar a isso. – Vai enchendo, Lúcio, até que o vinho transborde do cálice, pois nunca será demais beber do amor de Brútus.

[Bebe.]
[Sai Lúcio.]
[Entram Titínio e Messala.]

Brútus – Entre, Titínio. Seja bem-vindo, meu bom Messala. Agora sentemo-nos perto deste círio aqui e vamos examinar nossas necessidades.

Cássio – Pórtia, tu te foste?

Brútus – Chega, eu lhe peço. – Messala, recebi cartas que dizem estar o jovem Otávio e Marco Antônio aproximando-se de nós com um exército poderoso, direcionando suas forças para Filipos.

Messala – Também tenho cartas desse mesmo teor.

Brútus – E dizem elas o que mais?

Messala – Que Otávio, Antônio e Lépidus declararam proscritos e, consequentemente, banidos ou sentenciados à morte uma centena de senadores.

Brútus – Nesse particular nossas cartas não são iguais: a minha fala de setenta senadores que estão mortos depois de proscritos. Cícero é um deles.

Cássio – Cícero?

Messala – Cícero está morto, e por uma ordem de proscrição. – Recebeu o senhor as cartas de sua esposa?

Brútus – Não, Messala.

Messala – Nem em suas cartas há qualquer menção a um mandato contra ela?

Brútus – Nada, Messala.

Messala – Isso, me parece, é estranho.

Brútus – Por que você pergunta? Ouviu você falar de alguma coisa sobre ela nas suas cartas?

Messala – Não, senhor.

Brútus – Agora, como um bom romano, diga-me a verdade.

Messala – Então, como um bom romano aguenta a verdade, direi. É certo que ela está morta, e de maneira estranha.

Brútus – Mas então… adeus, Pórtia. – Todos temos que morrer, Messala. Raciocinando que ela teria de morrer de alguma maneira, eu tenho a necessária tranquilidade para aguentar isso agora.

Messala – Sim, deveras, os grandes homens têm de aguentar as grandes perdas.

Cássio – Em tese, tenho essa força tanto quanto você. E, no entanto, minha natureza não aguentaria uma coisa dessas.

Brútus – Bem, ao trabalho, e com vigor. O que pensa você de marcharmos agora mesmo para Filipos?

Cássio – Não acho uma boa ideia.

Brútus – E qual a razão?

Cássio – A seguinte: é melhor que o inimigo nos procure, de modo a gastar seus recursos, cansar seus soldados, prejudicando-se a si mesmo, enquanto nós, permanecendo quietos, estaremos descansados, na defensiva e espertos.

BRÚTUS – Boas razões têm de necessariamente dar lugar a razões melhores ainda: o povo entre Filipos e este campo de batalha tem por nós um amor forçado, pois relutaram em nos ajudar. O inimigo, marchando por esse caminho, encontrará neles novas adesões, o que aumenta-lhes o contigente com homens que vão lhes refrescar, revigorar, encorajar. Essa vantagem nós podemos roubar do inimigo: se vamos até Filipos para encontrá-lo, deixamos esse povo fora dessa história.

CÁSSIO – Escute o que eu digo, meu irmão.

BRÚTUS – Com licença. Você também não pode esquecer que pusemos à prova a amizade de nossos aliados, que nossas legiões estão apinhadas de gente, que nossa causa está caindo de madura. O inimigo melhora a cada dia, e nós, que nos encontramos no auge, estamos prontos para o declínio. Existe uma maré no estado das coisas; aproveitando-se a maré enchente, pode-se ir ao encontro da fortuna. Se nos omitimos, todo o percurso de uma vida pode ficar na vazante e nos sofrimentos. Estamos flutuando em um mar tão cheio que temos de seguir a corrente quando ela está a favor ou vamos perder nossos investimentos.

CÁSSIO – Então prossiga como é de sua vontade, e nós acompanharemos, e vamos encontrá-los em Filipos.

Brútus – A escuridão da noite avançou sobre a nossa conversa, e o que é natural deve obedecer ao que é necessário, e a este nós vamos dar satisfação com um breve repouso. Algo mais a ser dito?

Cássio – Nada mais. Boa noite. Amanhã bem cedo nos acordamos e saímos daqui.

Brútus – Lúcio! *[Entra Lúcio.]*

Minha toga de dormir. *[Sai Lúcio.]*

Adeus, meu bom Messala. Boa noite, Titínio. Meu nobre, nobre Cássio, boa noite, e bom repouso.

Cássio – Ah, meu querido irmão! Este foi um mau começo para a noite. Que nunca mais aconteça uma divisão assim entre nossas almas. Não o permita, Brútus.

[Entra Lúcio com a toga.]

Brútus – Está tudo bem.

Cássio – Boa noite, meu senhor.

Brútus – Boa noite, meu bom irmão.

Titínio e Messala – Boa noite, Lorde Brútus.

Brútus – Adeus, passem bem, todos vocês.

[Saem Cássio, Titínio e Messala.]

Alcança-me a toga. Onde está teu instrumento?

Lúcio – Aqui na barraca.

Brútus – Mas que jeito de falar, assim, sonolento. Pobre servo, não estou te culpando, tu estás cansado por excesso de vigília. Vai e chama Cláudio e outros dos meus homens; que eles venham dormir nas almofadas de minha barraca.

Lúcio – Varrão e Cláudio!

[Entram Varrão e Cláudio.]

Varrão – O senhor chamou?

Brútus – Peço-lhes, senhores, acomodem-se em minha barraca e durmam; pode ser que eu tenha de acordá-los em seguida, para tratarmos de um assunto com meu irmão Cássio.

Varrão – Se for do seu agrado, podemos ficar acordados e a postos.

Brútus – De jeito nenhum. Deitem-se, meus caros. Pode ser que eu venha a mudar de ideia.

[Varrão e Cláudio deitam-se.]

Olha, Lúcio, o livro que eu tanto procurei: no bolso de minha toga.

Lúcio – Eu tinha certeza de que o senhor não o havia dado para mim.

Brútus – Tenha paciência comigo, meu bom rapaz, que estou muito esquecido. Podes segurar abertos mais um pouquinho esses teus olhos tão pesados e tocar teu instrumento, nem que seja uns dois acordes?

Lúcio – Sim, senhor meu amo, se for do seu agrado.

Brútus – Sim, meu rapaz. Eu sei que te incomodo muito, mas a tua presença vale a pena.

Lúcio – É meu dever, senhor.

Brútus – Eu não deveria estar cobrando de ti um dever que está além de tuas forças; bem sei que sangue jovem precisa de repouso.

Lúcio – Já tirei minhas horas de sono, senhor.

Brútus – Fizeste muito bem, e dormirás de novo. Não vou te prender aqui por muito tempo. Se eu viver, serei bom para contigo.

[Música, e Lúcio canta.]

Essa é uma melodia que faz dormir. Ah, sono assassino! Com tua clava de chumbo tocaste o ombro desse meu rapaz que toca música para ti? – Gentil servo, boa noite. Não te farei mal a ponto de acordar-te. Se cabeceares, quebrarás teu instrumento. Vou tirá-lo de ti. Boa noite, meu bom rapaz. – Deixe-me ver, deixe-me ver: não está a folha dobrada onde eu parei de ler? Acho que está aqui.

[Entra o Fantasma de César.]

Queima mal, este círio que não ilumina! – Quem vem lá? – Acho que meus olhos é que estão fracos, e moldam essa monstruosa aparição. Que vem para cima de mim. – És tu alguma coisa? Um deus, um anjo, ou algum demônio, para fazer meu sangue gelar e meu cabelo ficar em pé e meus pelos se arrepiarem? Fala comigo, diz quem tu és.

Fantasma – Teu lado ruim, Brútus.

Brútus – Por que vieste?

Fantasma – Para te dizer que vais me encontrar em Filipos.

Brútus – Mas então vou enxergar-te de novo?

Fantasma – Sim, em Filipos.

Brútus – Muito bem; eu te vejo em Filipos, então.

[Sai o Fantasma.]

Agora que eu estava criando coragem, tu me desapareces. Mau espírito, eu teria conversado mais tempo contigo. – Rapaz! Lúcio! Varrão! Cláudio! Senhores, acordem! Cláudio!

Lúcio – As cordas, meu senhor, são de má qualidade.

Brútus – Ele pensa que ainda está tocando. – Lúcio, acorda!

Lúcio – Senhor?

Brútus – Tu sonhaste, Lúcio, para gritar desse jeito?

Lúcio – Senhor, eu não lembro de ter gritado.

Brútus – Gritaste, sim. Viste alguma coisa?

Lúcio – Nada, meu senhor.

Brútus – Dorme de novo, Lúcio. – Cláudio, sr. Cláudio! – Você, meu camarada, acorde!

Varrão – Meu senhor?

Cláudio – Meu senhor?

Brútus – Por que gritaram os senhores no seu sono?

Ambos – Gritamos?

Brútus – Sim. Têm os senhores algo a dizer?

Varrão – Não, meu senhor, eu não vi nada.

Cláudio – Eu também não, meu senhor.

Brútus – Vão, e deem recomendações minhas ao meu irmão Cássio. Peçam-lhe que ponha suas forças em marcha ainda de madrugada, e nós o seguiremos.

Ambos – Será feito, senhor meu amo.

[Saem.]

QUINTO ATO

CENA I
Os campos de Filipos.

[Entram Otávio, Antônio e seus exércitos.]

Otávio – Agora, Antônio, está acontecendo o que tanto esperávamos. Você disse que o inimigo não viria, mas olhe os morros e as áreas mais altas; não é bem assim; os exércitos deles estão aqui do lado. Querem fazer frente a nós aqui em Filipos, reagindo antes que os tenhamos provocado.

Antônio – Ora, vamos, meu coração bate no peito deles, e eu sei por que razão agem assim. Eles prefeririam estar longe daqui, mas chegam-se com resplandecentes bravura e bravata, acreditando que com esse espetáculo acreditaremos que eles têm coragem. Mas não é esse o caso.

[Entra um Mensageiro.]

Mensageiro – Preparem-se, generais. O inimigo está chegando com mostras de galhardia. Em vermelho-sangue o sinal de batalha foi hasteado, e precisa-se agir, e já.

Antônio – Otávio, leva tuas tropas, vai devagar, com cautela, até o lado esquerdo do campo mais plano.

Otávio – Vou para o lado direito. Fica tu com o esquerdo.

Antônio – Por que me contrarias em situação crítica?

Otávio – Não estou te contrariando; mas vou fazer o que digo.

[Som da marcha, e eles marcham.]

[Tambores. Entram Brútus, Cássio e seus exércitos. Também entram Lucílio, Titínio, Messala e outros.]

Brútus – Não se mexem, e querem parlamentar.

Cássio – Fique a postos, Titínio. Nós vamos até lá fora, e vamos conversar.

Otávio – Marco Antônio, devemos dar sinal de batalha?

Antônio – Não, César, nós responderemos ao ataque deles. Vá em frente; os generais precisam conversar.

Otávio – Nem um movimento até que seja dado o sinal.

Brútus – Uma conversa antes da refrega: é isso, compatriotas?

Otávio – Mas não porque nos pareçamos com você, que gosta mais de palavras que de golpes de espada.

Brútus – Boas palavras são melhores que golpes ruins, Otávio.

Antônio – Com golpes ruins, Brútus, você desfere boas palavras. É só ver o buraco que você deixou no coração de César, gritando: "Vida longa! Ave, César!"

Cássio — Antônio, a natureza de seus golpes ainda é desconhecido. Mas, quanto às suas palavras, elas enganam as abelhas da cidade de Hibla e deixam-nas sem mel.

Antônio — Mas não sem ferrão.

Brútus — Sem ferrão sim, e mudas. Pois você lhes roubou o zumbido, Antônio, e muito sabiamente você ameaça antes de dar uma ferroada.

Antônio — Criaturas vis! Vocês não avisaram quando seus punhais infames jogaram-se uns contra os outros dentro do corpo de César. Vocês mostraram os dentes, como macacos, e bajularam César, como cachorros, e curvaram-se como escravos, beijando-lhe os pés, enquanto Caska, o desgraçado, como um animal, por trás, golpeava César no pescoço. Ah, vocês são mesmo uns baba-ovos! Lambe-cu!

Cássio — Ora, Brútus, você tem de agradecer a si mesmo. Tivessem as coisas corrido a meu modo, e não estaríamos sendo insultados assim neste dia de hoje.

Otávio — Vamos lá, vamos à causa em questão. Se a discussão nos tira gotas de suor, nossas armas sabem arrancar gotas mais vermelhas. Vejam: eu desembainho minha espada contra os conspiradores. Quando pensam vocês que a espada volta à sua bainha? Nunca, não até que os trinta e três ferimentos de César estejam vingados; ou até que um outro César tenha acrescentado mais um assassinato à arma de traidores.

Brútus – César, tu não podes morrer pelas mãos de traidores, a menos que eles sejam quem te acompanha.

Otávio – Assim espero. Não nasci para morrer pela espada de um Brútus.

Brútus – Ah, se fosses tu o mais nobre de tua raça, meu jovem, não terias como ter morte mais honrada.

Cássio – Uma criança boba, que não merece tal honra, ajuntado com um farsante e um debochado.

Antônio – Calado, velho Cássio.

Otávio – Vamos, Antônio, embora! Um desafio, traidores, é o que nós jogamos nas suas caras. Se vocês se atrevem a entrar em combate ainda hoje, ao campo de batalha! Do contrário, que seja então quando vocês tiverem estômago.

[Saem Otávio, Antônio e exército.]

Cássio – Então, agora, que soprem os ventos, que se encapele o mar, que se deixem levar as naus! A tempestade nos alcançou, e a sorte está lançada.

Brútus – Ei, Lucílio, escute, uma palavrinha com você.

Lucílio *[apresentando-se]* – Sim, senhor?

[Brútus e Lucílio falam à parte.]

Cássio – Messala.

Messala *[apresentando-se]* – O que manda, meu general?

Cássio – Messala, hoje é meu aniversário. Justo nesta data, nascia Cássio. Dá-me tua mão, Messala. Sê minha testemunha de que contra minha vontade (assim como Pompeu) sou compelido a arriscar em uma única batalha todas as nossas liberdades. Você sabe que sou um devotado epicurista, e valorizo as opiniões de Epicuro. Mas, agora, estou mudando de ideia, e em parte credito coisas ao presságio. No caminho de Sardes até aqui, duas poderosas águias lançaram-se sobre nossa principal insígnia e ali se empoleiraram, empanturrando-se, comendo das mãos dos soldados que desde lá até aqui, em Filipos, juntaram-se a nós. Hoje de manhã elas levantaram voo e partiram e, em seu lugar, temos corvos, gralhas e milhafres voando nas nossas cabeças. Lá do alto, olham para nós, como se fôssemos débeis presas; a sombra deles parece pálio sinistro, sob o qual assenta-se o nosso exército, pronto para entregar a alma a Deus.

Messala – Não acredito.

Cássio – Eu acredito em parte, pois sou jovem de espírito e determinado a enfrentar tudo quanto é perigo sem vacilar.

Brútus – Assim mesmo, Lucílio.

Cássio – Então, nobre Brútus: que os deuses hoje nos sejam simpáticos, para que possamos nós, amigos em tempos de paz, chegar à velhice! Porém, uma vez que as questões dos homens continuam incertas, vamos pensar no que pode acontecer de pior. Se perdermos a batalha, então esta é a última vez que conversamos um com o outro. O que você pretende fazer?

Brútus – Mesmo pelas normas dessa filosofia segundo a qual culpei Catão pela morte que ele infligiu a si mesmo, eu não sei, mas acho covarde e vil, por medo do que possa vir a acontecer, antecipar o fim da vida, e prefiro armar-me de paciência para aguardar as disposições de alguns altos poderes que nos governam aqui embaixo.

Cássio – Então, se perdermos esta batalha, você ficará satisfeito em ser carregado em triunfo pela ruas de Roma?

Brútus – Não, Cássio, não. Nem cogites tu, nobre romano, que Brútus possa algum dia chegar em Roma amarrado; ele é homem de muito juízo. Mas o dia de hoje precisa dar um fim ao trabalho que se iniciou nos idos de março. Se vamos nos encontrar de novo, eu não sei. Então, que a nossa despedida seja para sempre. Felicidades, Cássio, sempre e para sempre. Se nos encontrarmos de novo, ora, vamos sorrir. Se não, este nosso adeus foi apropriado.

Cássio – Felicidades, Brútus, sempre e para sempre. Se nos encontrarmos de novo, vamos sorrir, sim. Se não, é verdade: este nosso adeus foi apropriado.

Brútus – Pois bem, vá em frente. Ah, se um homem pudesse saber o fim dos eventos do dia antes de findar-se o dia! Mas basta saber que o dia terá um fim e então o fim será conhecido de todos. Vamos! Olá! Embora!

[Saem.]

CENA II
No campo de batalha.

[Sinal de chamada para a batalha. Entram Brútus e Messala.]

Brútus – Pega teu cavalo, Messala, vai, e entrega estas ordens para as legiões no outro lado.

[Sinal de chamada para a batalha em volume mais alto.]

Que eles ataquem de uma vez, pois estou notando falta de entusiasmo na ala de Otávio, e um avanço repentino pode lhes dar a derrocada. Pega teu cavalo, Messala, vai; deixa que eles ataquem.

[Saem.]

CENA III
Em outra parte do campo de batalha.

[Sinal de chamada para a batalha. Entram Cássio e Titínio.]

Cássio – Veja, veja, Titínio, os patifes estão fugindo. Virei o inimigo de meus próprios soldados. Este meu porta-estandarte estava dando meia-volta; matei o covarde e arranquei-lhe das mãos minha insígnia.

Titínio – Ah, Cássio, Brútus deu a ordem muito cedo. Com alguma vantagem sobre Otávio, foi ao pote com muita sede. Seus soldados caíram vítimas de pilhagem, enquanto nós estamos cercados pelo exército de Antônio.

[Entra Píndaro.]

Píndaro – Fuja para longe daqui, meu senhor, fuja! Marco Antônio está em nossas barracas, meu senhor. Fuja, portanto, nobre Cássio, fuja pra longe.

Cássio – Este morro está longe o suficiente. Veja, veja, Titínio! São minhas aquelas barracas que estou vendo incendiarem-se?

Titínio – São suas, meu senhor.

Cássio – Titínio, se tu me tens amor, monta em meu cavalo e mete nele as esporas até que ele tenha te levado àquelas tropas ao longe e te trazido aqui de volta, para que eu saiba se são amigas ou inimigas.

Titínio – Volto já, rápido como o pensamento.

[Sai.]

Cássio – Vai, Píndaro, sobe até o topo deste morro, que minha visão está fraca. Observa Titínio, e me diz o que vês acontecendo no campo.

[Sai Píndaro.]

Nesta data de hoje foi quando respirei pela primeira vez. O tempo bate à minha porta, e onde comecei é onde devo terminar. Minha vida cumpriu seu ciclo. – Meu caro, quais são as novas?

Píndaro *(acima)* – Ah, meu senhor!

Cássio – Quais são as novas?

Píndaro – Titínio está cercado pela cavalaria, e cavalgam a toda na direção dele, e ele vai metendo espora em seus cavalos. Agora estão praticamente em cima dele. Agora, Titínio! Agora alguns estão desmontando. Ai, que ele também desmontou! Pegaram ele! *[Grita.]*

E, escute, senhor! Eles gritam de alegria.

Cássio – Desce daí; para de olhar. Ah, covarde que sou. Viver tanto tempo, para ver meu melhor amigo capturado diante de mim!

[Entra Píndaro, que vem descendo.]

Vem cá, meu caro. Em Pártia eu te fiz prisioneiro; e então eu te fiz jurar, salvando tua vida, que tudo o que eu te pedisse, tu terias de atentar. Agora vem cá, e cumpre o teu juramento. Tu és agora um homem livre; e, com esta espada, que varou as entranhas de César, penetra este peito. Nem uma palavra. Aqui, agarra o punho e, quando meu rosto estiver coberto, como está agora, direciona a espada. – César, tu estás vingado, pela mesma espada que te matou.

[Morre.]

Píndaro – Então, agora sou livre. E, no entanto, preferia não ser, tivesse eu me atrevido a seguir a minha vontade. Ah, Cássio! Para longe deste país é para onde Píndaro vai correr, para onde nunca mais romano algum saiba de sua existência.

[Sai.]

[Entram Titínio e Messala.]

MESSALA – Nada mais que mudança dos ventos, Titínio: Otávio é derrubado pelo poder do nobre Brútus, assim como as legiões de Cássio foram derrotadas por Antônio.

TITÍNIO – Essas notícias trarão algum conforto a Cássio.

MESSALA – Onde você o deixou?

TITÍNIO – Todo desconsolado, com seu escravo Píndaro, aqui neste morro.

MESSALA – Não é ele esse ali, estirado no chão?

TITÍNIO – Ele não está estirado como pessoa viva. Ai, o meu coração!

MESSALA – E esse não é ele?

TITÍNIO – Não: esse foi ele, Messala, mas agora Cássio não mais existe. Ah, sol poente, assim como em teus raios vermelhos tu mergulhas na noite, os dias de Cássio mergulharam em seu sangue vermelho. O sol de Roma se pôs. Nossos dias estão terminados. Agora restam-nos as nuvens, o orvalho e os maus presságios. Nossos atos foram cometidos. O medo dos resultados fabricou este ato.

MESSALA – O duvidar de bons resultados fabricou este ato. Ah, Erro odioso, filho da Melancolia, por que mostras aos impressionáveis pensamentos dos homens as coisas que não são? Ó Erro precocemente concebido, tu nunca és parido com alegria, pois matas a mãe que te engendrou.

Titínio – Mas... Píndaro! Onde estás, Píndaro?

Messala – Procure por ele, Titínio, enquanto eu vou ao encontro do nobre Brútus, confiar esse relato aos seus ouvidos. Melhor seria dizer atirar esse relato contra seus ouvidos, pois o aço que fere e os dardos que envenenam serão tão bem-vindos aos ouvidos de Brútus como as notícias desta cena.

Titínio – Apressa-te, Messala, e eu vou ver onde está Píndaro.

[Sai Messala.]

Por que me mandaste na frente, nobre Cássio? Não fui ao encontro de teus amigos, e não puseram eles esta coroa da vitória em minha testa e não me pediram que a entregasse a Cássio? Não ouviste deles a gritaria? Ai, que tu interpretaste tudo errado! Mas, olha, toma esta guirlanda, aceita-a em tua testa. O teu querido Brútus pediu-me que a entregasse a Cássio, e eu estou fazendo o que ele me pediu. – Brútus, venha depressa, e veja como prestei homenagem a Caio Cássio. – Com vossa licença, meus deuses, mas este é o dever de um romano: vem, espada de Cássio, e encontra o coração de Titínio.

[Morre.]
[Sinal de chamada para a batalha.]
[Entram Brútus, Messala, o jovem Catão, Estrato, Volúnio e Lucílio.]

BRÚTUS – Onde, onde, Messala, está o corpo dele?

MESSALA – Olhe, ali mais adiante, e Titínio velando por ele.

BRÚTUS – O rosto de Titínio está virado para cima.

CATÃO – Está morto.

BRÚTUS – Ah, Júlio César, tu ainda és poderoso! Teu espírito caminha por toda parte e guia nossas espadas contra as nossas próprias entranhas.

[Sinal de chamada para a batalha em tom grave.]

CATÃO – Nobre Titínio! Vejam só, se ele não coroou Cássio morto!

BRÚTUS – Será que ainda existem dois romanos como esses? Aos últimos de todos os romanos: descansem em paz! Agora fica difícil imaginar que Roma um dia gerou homem tão valoroso. Amigos, eu devo tantas lágrimas a esse homem morto que impossível será derramá-las todas. Farei tempo para isso, Cássio, farei tempo. Vamo-nos, então, e para Tassos estaremos mandando o corpo. As cerimônias fúnebres não acontecerão em nosso acampamento, para que não fiquem abatidas as nossas tropas. Lucílio, venha. E você também, jovem Catão. Vamos até o campo de batalha. Labéu e Flávio, preparem as forças de combate. São três horas; romanos, ainda antes de anoitecer vamos tentar a sorte em um segundo ataque.

[Saem.]

CENA IV
Outra área do campo de batalha.

[Sinal de chamada para a batalha. Entram Brútus, Messala, o jovem Catão, Lucílio e Flávio.]

BRÚTUS – E, apesar de tudo, compatriotas... ah, apesar de tudo... cabeças erguidas!

[Sai.]

CATÃO – Que criatura bastarda não vai estar de cabeça erguida? Quem vem comigo? Pronunciarei meu nome por todo o campo de batalha. Sou o filho de Marcos Catão, olá! Inimigo dos tiranos, amigo de meu país! Sou o filho de Marcos Catão, olá!

[Entram soldados, e lutam.]

LUCÍLIO – E eu sou Brútus, Marcos Brútus, o próprio! Brútus, amigo de meu país; saibam que meu nome é Brútus! Ah, jovem e nobre Catão, foste derrubado? Agora tu morres com tanta coragem quanto Titínio; e que possas ser homenageado, já que és o filho de Catão.

PRIMEIRO SOLDADO – Dê passagem, ou você morre.

LUCÍLIO – Só dou passagem para morrer. Muitos são os motivos pelos quais tu deves me matar, e rápido: estarás matando Brútus, e serás celebrado por essa morte.

PRIMEIRO SOLDADO – Isso não nos é permitido fazer. – Um prisioneiro nobre!

[Entra Antônio.]

Segundo Soldado – Abram caminho! Digam a Antônio que Brútus foi capturado.

Primeiro Soldado – Eu conto. Aí vem o general. – Brútus foi capturado, Brútus foi capturado, meu senhor.

Antônio – E onde está ele?

Lucílio – A salvo, Antônio. Brútus está em segurança. Ouso afirmar-te que nenhum inimigo jamais conseguirá capturar o nobre Brútus com vida. Que os deuses o protejam de tal humilhação! Quando vocês o encontrarem, vivo ou morto, ele será encontrado tal como ele é: Brútus.

Antônio – Esse não é Brútus, meu amigo. Mas eu lhe concedo uma recompensa de igual valor. Ponham esse homem em segurança. Que ele seja tratado com toda amabilidade. Homens assim, prefiro tê-los como amigos que como inimigos. Andando, e descubram se Brútus está vivo ou morto. E tragam as notícias para a barraca de Otávio.

[Saem.]

CENA V
Em outra parte do campo de batalha.

[Entram Brútus, Dardânio, Clito, Estrato e Volúnio.]

BRÚTUS – Venham, meus poucos amigos que me restam, sentem-se nesta pedra.

CLITO – Estatílio acenou com a tocha; contudo, meu senhor, ele não voltou. Foi ou capturado ou assassinado.

BRÚTUS – Senta, Clito. Assassinato é a palavra, é o ato que está na moda. Vamos escutar a ti, Clito.

[Sussurros.]

CLITO – Ora, eu, meu senhor? Não, por nada neste mundo.

BRÚTUS – Quieto, então. Nada de palavras.

CLITO – Prefiro matar-me a mim mesmo.

BRÚTUS – Vamos escutar a ti, Dardânio.

[Sussurros.]

DARDÂNIO – Devo eu cometer tal ato?

CLITO – Ah, Dardânio!

DARDÂNIO – Ah, Clito!

CLITO – Que mórbido pedido Brútus fez a ti?

DARDÂNIO – Matá-lo, Clito. Olha, que ele está meditando.

CLITO – Agora está essa nobre nau plena de dor, tanta que inunda-lhe os próprios olhos.

Brútus – Vem cá, meu bom Volúnio; uma palavrinha.

Volúnio – O que diz o meu senhor?

Brútus – O seguinte, Volúnio: o fantasma de César me apareceu duas vezes durante a noite. Primeiro em Sardes, e agora aqui em Filipos, noite passada. Sei que é chegada a minha hora.

Volúnio – Não é assim, senhor.

Brútus – Não, eu tenho certeza, Volúnio. Tu, Volúnio, tu vês como a vida acontece: nossos inimigos nos encurralaram até a beira da cova.

[Sinais de chamada à batalha, baixinho.]

É mais honroso pularmos nela nós mesmos que aqui permanecer até que eles venham nos empurrar. Meu bom Volúnio, tu sabes que fomos juntos à escola. Em nome de nossa antiga afeição, eu te peço: segura minha espada pelo cabo, enquanto eu me atravesso nela.

Volúnio – Esse não é o ofício de um amigo, senhor.

[Continuam os sinais de chamada à batalha.]

Clito – Fuja, fuja, meu senhor, não podemos permanecer aqui.

Brútus – Adeus a vocês; a você; e a você, Volúnio. Estrato, estavas dormindo todo este tempo; adeus a ti também, Estrato. – Compatriotas, meu coração alegra-se em saber que durante toda a minha vida jamais encontrei homem algum que não me fosse fiel. Glória é o que terei com este dia de derrota, mais glória do que Otávio e Marco Antônio poderão obter com esta conquista vil. Então, fiquem bem, todos vocês, pois as palavras de Brútus quase chegaram ao término da história de sua vida. A noite pesa-me sobre os olhos. Meus ossos querem descansar, pois muito labutaram para merecer esta hora.

[Sinal de chamada à batalha. De dentro, vem um grito:]

"Fujam, fujam, fujam!"

CLITO – Fuja, meu senhor. Fuja!

BRÚTUS – Embora daqui! Já estou indo.

[Saem Clito, Dardânio e Volúnio.]

Eu te imploro, Estrato, fica tu aqui com o teu senhor. És homem de muito respeito. Tua vida traz em si um sabor de honra. Segura então a minha espada, e vira para lá o teu rosto, enquanto eu me atravesso nela. Farás isso, Estrato?

ESTRATO – Primeiro, um aperto de mão. Adeus, meu senhor.

BRÚTUS – Adeus, meu bom Estrato. – Agora, César, descansa. Quando te matei, eu não tinha nem metade da determinação que tenho agora.

[Morre.]

[Sinal de chamada à batalha. Batida em retirada.]

[Entram Antônio, Otávio, Messala, Lucílio e o exército.]

Otávio – Que homem é esse?

Messala – O homem que é meu amo. Estrato, onde está teu amo?

Estrato – Livre da servidão que te aflige, Messala. Os vencedores não podem mais que incinerá-lo. Pois apenas Brútus superou a si mesmo, e nenhum outro homem obterá honra com sua morte.

Lucílio – Assim é que Brútus devia ser encontrado. Eu te agradeço, Brútus, teres provado que Lucílio dizia a verdade.

Otávio – Todos os que serviam Brútus, eu os terei a meu serviço. Camarada, concederás a mim o teu tempo?

Estrato – Sim, contanto que Messala recomende-me ao senhor.

Otávio – Faça-o, Messala.

Messala – Como morreu o meu amo, Estrato?

Estrato – Eu segurei a espada, e ele se atravessou nela.

Messala – Otávio, toma-o então para acompanhar-te, esse que prestou o último serviço ao meu amo.

Antônio – Esse foi o mais nobre dentre todos os romanos. Todos os conspiradores, menos ele, fizeram o que fizeram por inveja ao grande César. Apenas ele, por estar imbuído de uma ideia honesta em prol do bem-estar geral, conseguiu a união de todos eles. Sua vida foi magnânima, e os elementos estavam nele tão equilibrados que a Natureza pode erguer-se e dizer a todo o mundo: "Este, sim, foi um homem!"

Otávio – Em concordância com seu valor, vamos tratá-lo com todo o respeito e ritos fúnebres. Seus ossos repousarão em minha barraca por esta noite, bem como um soldado, celebrados com honras. Que o campo de batalha descanse, e vamo-nos embora daqui, que devemos compartilhar as glórias deste dia feliz.

Fim

SOBRE A TRADUTORA

BEATRIZ VIÉGAS-FARIA é tradutora formada pela Universidade Federal do Rio Grande do Sul (1986), com especialização em linguística aplicada ao ensino do inglês (UFRGS, 1991). Em 1999, concluiu mestrado na Pontifícia Universidade Católica do Rio Grande do Sul em linguística aplicada, com dissertação sobre a tradução de implícitos em *Romeu e Julieta*. Em 2004, concluiu doutorado com tese sobre tradução de implícitos em *Sonho de uma noite de verão* na mesma instituição. Em 2003, realizou pesquisa em estudos da tradução e tradução teatral na University of Warwick, Inglaterra. Começou a trabalhar com traduções de obras literárias em 1993 e, desde 1997, dedica-se também a traduzir as peças de William Shakespeare. É professora adjunta da UFPel. Em 2000, recebeu o Prêmio Açorianos de Literatura pela tradução de *Otelo* e, em 2001, o Prêmio Açorianos de Literatura com a obra *Pampa pernambucano (poesia, imagens, e-mails)*.

Coleção L&PM POCKET (Lançamentos mais recentes)

1058. **Pintou sujeira!** – Mauricio de Sousa
1059. **Contos de Mamãe Gansa** – Charles Perrault
1060. **A interpretação dos sonhos: vol. 1** – Freud
1061. **A interpretação dos sonhos: vol. 2** – Freud
1062. **Frufru Rataplã Dolores** – Dalton Trevisan
1063. **As melhores histórias da mitologia egípcia** – Carmem Seganfredo e A.S. Franchini
1064. **Infância. Adolescência. Juventude** – Tolstói
1065. **As consolações da filosofia** – Alain de Botton
1066. **Diários de Jack Kerouac – 1947-1954**
1067. **Revolução Francesa – vol. 1** – Max Gallo
1068. **Revolução Francesa – vol. 2** – Max Gallo
1069. **O detetive Parker Pyne** – Agatha Christie
1070. **Memórias do esquecimento** – Flávio Tavares
1071. **Drogas** – Leslie Iversen
1072. **Manual de ecologia (vol.2)** – J. Lutzenberger
1073. **Como andar no labirinto** – Affonso Romano de Sant'Anna
1074. **A orquídea e o serial killer** – Juremir Machado da Silva
1075. **Amor nos tempos de fúria** – Lawrence Ferlinghetti
1076. **A aventura do pudim de Natal** – Agatha Christie
1078. **Amores que matam** – Patricia Faur
1079. **Histórias de pescador** – Mauricio de Sousa
1080. **Pedaços de um caderno manchado de vinho** – Bukowski
1081. **A ferro e fogo: tempo de solidão (vol.1)** – Josué Guimarães
1082. **A ferro e fogo: tempo de guerra (vol.2)** – Josué Guimarães
1084(17). **Desembarcando o Alzheimer** – Dr. Fernando Lucchese e Dra. Ana Hartmann
1085. **A maldição do espelho** – Agatha Christie
1086. **Uma breve história da filosofia** – Nigel Warburton
1088. **Heróis da História** – Will Durant
1089. **Concerto campestre** – L. A. de Assis Brasil
1090. **Morte nas nuvens** – Agatha Christie
1092. **Aventura em Bagdá** – Agatha Christie
1093. **O cavalo amarelo** – Agatha Christie
1094. **O método de interpretação dos sonhos** – Freud
1095. **Sonetos de amor e desamor** – Vários
1096. **120 tirinhas do Dilbert** – Scott Adams
1097. **200 fábulas de Esopo**
1098. **O curioso caso de Benjamin Button** – F. Scott Fitzgerald
1099. **Piadas para sempre: uma antologia para morrer de rir** – Visconde da Casa Verde
1100. **Hamlet (Mangá)** – Shakespeare
1101. **A arte da guerra (Mangá)** – Sun Tzu
1104. **As melhores histórias da Bíblia (vol.1)** – A. S. Franchini e Carmen Seganfredo
1105. **As melhores histórias da Bíblia (vol.2)** – A. S. Franchini e Carmen Seganfredo
1106. **Psicologia das massas e análise do eu** – Freud
1107. **Guerra Civil Espanhola** – Helen Graham
1108. **A autoestrada do sul e outras histórias** – Julio Cortázar
1109. **O mistério dos sete relógios** – Agatha Christie
1110. **Peanuts: Ninguém gosta de mim... (amor)** – Charles Schulz
1111. **Cadê o bolo?** – Mauricio de Sousa
1112. **O filósofo ignorante** – Voltaire
1113. **Totem e tabu** – Freud
1114. **Filosofia pré-socrática** – Catherine Osborne
1115. **Desejo de status** – Alain de Botton
1118. **Passageiro para Frankfurt** – Agatha Christie
1120. **Kill All Enemies** – Melvin Burgess
1121. **A morte da sra. McGinty** – Agatha Christie
1122. **Revolução Russa** – S. A. Smith
1123. **Até você, Capitu?** – Dalton Trevisan
1124. **O grande Gatsby (Mangá)** – F. S. Fitzgerald
1125. **Assim falou Zaratustra (Mangá)** – Nietzsche
1126. **Peanuts: É para isso que servem os amigos (amizade)** – Charles Schulz
1127(27). **Nietzsche** – Dorian Astor
1128. **Bidu: Hora do banho** – Mauricio de Sousa
1129. **O melhor do Macanudo Taurino** – Santiago
1130. **Radicci 30 anos** – Iotti
1131. **Show de sabores** – J.A. Pinheiro Machado
1132. **O prazer das palavras** – vol. 3 – Cláudio Moreno
1133. **Morte na praia** – Agatha Christie
1134. **O fardo** – Agatha Christie
1135. **Manifesto do Partido Comunista (Mangá)** – Marx & Engels
1136. **A metamorfose (Mangá)** – Franz Kafka
1137. **Por que você não se casou... ainda** – Tracy McMillan
1138. **Textos autobiográficos** – Bukowski
1139. **A importância de ser prudente** – Oscar Wilde
1140. **Sobre a vontade na natureza** – Arthur Schopenhauer
1141. **Dilbert (8)** – Scott Adams
1142. **Entre dois amores** – Agatha Christie
1143. **Cipreste triste** – Agatha Christie
1144. **Alguém viu uma assombração?** – Mauricio de Sousa
1145. **Mandela** – Elleke Boehmer
1146. **Retrato do artista quando jovem** – James Joyce
1147. **Zadig ou o destino** – Voltaire
1148. **O contrato social (Mangá)** – J.-J. Rousseau
1149. **Garfield fenomenal** – Jim Davis
1150. **A queda da América** – Allen Ginsberg
1151. **Música na noite & outros ensaios** – Aldous Huxley
1152. **Poesias inéditas & Poemas dramáticos** – Fernando Pessoa
1153. **Peanuts: Felicidade é...** – Charles M. Schulz
1154. **Mate-me por favor** – Legs McNeil e Gillian McCain
1155. **Assassinato no Expresso Oriente** – Agatha Christie

1156. **Um punhado de centeio** – Agatha Christie
1157. **A interpretação dos sonhos (Mangá)** – Freud
1158. **Peanuts: Você não entende o sentido da vida** – Charles M. Schulz
1159. **A dinastia Rothschild** – Herbert R. Lottman
1160. **A Mansão Hollow** – Agatha Christie
1161. **Nas montanhas da loucura** – H.P. Lovecraft
1162. (28). **Napoleão Bonaparte** – Pascale Fautrier
1163. **Um corpo na biblioteca** – Agatha Christie
1164. **Inovação** – Mark Dodgson e David Gann
1165. **O que toda mulher deve saber sobre os homens: a afetividade masculina** – Walter Riso
1166. **O amor está no ar** – Mauricio de Sousa
1167. **Testemunha de acusação & outras histórias** – Agatha Christie
1168. **Etiqueta de bolso** – Celia Ribeiro
1169. **Poesia reunida (volume 3)** – Affonso Romano de Sant'Anna
1170. **Emma** – Jane Austen
1171. **Que seja em segredo** – Ana Miranda
1172. **Garfield sem apetite** – Jim Davis
1173. **Garfield: Foi mal...** – Jim Davis
1174. **Os irmãos Karamázov (Mangá)** – Dostoiévski
1175. **O Pequeno Príncipe** – Antoine de Saint-Exupéry
1176. **Peanuts: Ninguém mais tem o espírito aventureiro** – Charles M. Schulz
1177. **Assim falou Zaratustra** – Nietzsche
1178. **Morte no Nilo** – Agatha Christie
1179. **Ê, soneca boa** – Mauricio de Sousa
1180. **Garfield a todo o vapor** – Jim Davis
1181. **Em busca do tempo perdido (Mangá)** – Proust
1182. **Cai o pano: o último caso de Poirot** – Agatha Christie
1183. **Livro para colorir e relaxar** – Livro 1
1184. **Para colorir sem parar**
1185. **Os elefantes não esquecem** – Agatha Christie
1186. **Teoria da relatividade** – Albert Einstein
1187. **Compêndio da psicanálise** – Freud
1188. **Visões de Gerard** – Jack Kerouac
1189. **Fim de verão** – Mohiro Kitoh
1190. **Procurando diversão** – Mauricio de Sousa
1191. **E não sobrou nenhum e outras peças** – Agatha Christie
1192. **Ansiedade** – Daniel Freeman & Jason Freeman
1193. **Garfield: pausa para o almoço** – Jim Davis
1194. **Contos do dia e da noite** – Guy de Maupassant
1195. **O melhor de Hagar 7** – Dik Browne
1196. (29). **Lou Andreas-Salomé** – Dorian Astor
1197. (30). **Pasolini** – René de Ceccatty
1198. **O caso do Hotel Bertram** – Agatha Christie
1199. **Crônicas de motel** – Sam Shepard
1200. **Pequena filosofia da paz interior** – Catherine Rambert
1201. **Os sertões** – Euclides da Cunha
1202. **Treze à mesa** – Agatha Christie
1203. **Bíblia** – John Riches
1204. **Anjos** – David Albert Jones
1205. **As tirinhas do Guri de Uruguaiana 1** – Jair Kobe
1206. **Entre aspas (vol.1)** – Fernando Eichenberg
1207. **Escrita** – Andrew Robinson
1208. **O spleen de Paris: pequenos poemas em prosa** – Charles Baudelaire
1209. **Satíricon** – Petrônio
1210. **O avarento** – Molière
1211. **Queimando na água, afogando-se na chama** – Bukowski
1212. **Miscelânea septuagenária: contos e poemas** – Bukowski
1213. **Que filosofar é aprender a morrer e outros ensaios** – Montaigne
1214. **Da amizade e outros ensaios** – Montaigne
1215. **O medo à espreita e outras histórias** – H.P. Lovecraft
1216. **A obra de arte na era de sua reprodutibilidade técnica** – Walter Benjamin
1217. **Sobre a liberdade** – John Stuart Mill
1218. **O segredo de Chimneys** – Agatha Christie
1219. **Morte na rua Hickory** – Agatha Christie
1220. **Ulisses (Mangá)** – James Joyce
1221. **Ateísmo** – Julian Baggini
1222. **Os melhores contos de Katherine Mansfield** – Katherine Mansfied
1223. (31). **Martin Luther King** – Alain Foix
1224. **Millôr Definitivo: uma antologia de *A Bíblia do Caos*** – Millôr Fernandes
1225. **O Clube das Terças-Feiras e outras histórias** – Agatha Christie
1226. **Por que sou tão sábio** – Nietzsche
1227. **Sobre a mentira** – Platão
1228. **Sobre a leitura *seguido do* Depoimento de Céleste Albaret** – Proust
1229. **O homem do terno marrom** – Agatha Christie
1230. (32). **Jimi Hendrix** – Franck Médioni
1231. **Amor e amizade e outras histórias** – Jane Austen
1232. **Lady Susan, Os Watson e Sanditon** – Jane Austen
1233. **Uma breve história da ciência** – William Bynum
1234. **Macunaíma: o herói sem nenhum caráter** – Mário de Andrade
1235. **A máquina do tempo** – H.G. Wells
1236. **O homem invisível** – H.G. Wells
1237. **Os 36 estratagemas: manual secreto da arte da guerra** – Anônimo
1238. **A mina de ouro e outras histórias** – Agatha Christie
1239. **Pic** – Jack Kerouac
1240. **O habitante da escuridão e outros contos** – H.P. Lovecraft
1241. **O chamado de Cthulhu e outros contos** – H.P. Lovecraft
1242. **O melhor de Meu reino por um cavalo!** – Edição de Ivan Pinheiro Machado
1243. **A guerra dos mundos** – H.G. Wells
1244. **O caso da criada perfeita e outras histórias** – Agatha Christie
1245. **Morte por afogamento e outras histórias** – Agatha Christie

1246. **Assassinato no Comitê Central** – Manuel Vázquez Montalbán
1247. **O papai é pop** – Marcos Piangers
1248. **O papai é pop 2** – Marcos Piangers
1249. **A mamãe é rock** – Ana Cardoso
1250. **Paris boêmia** – Dan Franck
1251. **Paris libertária** – Dan Franck
1252. **Paris ocupada** – Dan Franck
1253. **Uma anedota infame** – Dostoiévski
1254. **O último dia de um condenado** – Victor Hugo
1255. **Nem só de caviar vive o homem** – J.M. Simmel
1256. **Amanhã é outro dia** – J.M. Simmel
1257. **Mulherzinhas** – Louisa May Alcott
1258. **Reforma Protestante** – Peter Marshall
1259. **História econômica global** – Robert C. Allen
1260(33). **Che Guevara** – Alain Foix
1261. **Câncer** – Nicholas James
1262. **Akhenaton** – Agatha Christie
1263. **Aforismos para a sabedoria de vida** – Arthur Schopenhauer
1264. **Uma história do mundo** – David Coimbra
1265. **Ame e não sofra** – Walter Riso
1266. **Desapegue-se!** – Walter Riso
1267. **Os Sousa: Uma família do barulho** – Mauricio de Sousa
1268. **Nico Demo: O rei da travessura** – Mauricio de Sousa
1269. **Testemunha de acusação e outras peças** – Agatha Christie
1270(34). **Dostoiévski** – Virgil Tanase
1271. **O melhor de Hagar 8** – Dik Browne
1272. **O melhor de Hagar 9** – Dik Browne
1273. **O melhor de Hagar 10** – Dik e Chris Browne
1274. **Considerações sobre o governo representativo** – John Stuart Mill
1275. **O homem Moisés e a religião monoteísta** – Freud
1276. **Inibição, sintoma e medo** – Freud
1277. **Além do princípio do prazer** – Freud
1278. **O direito de dizer não!** – Walter Riso
1279. **A arte de ser flexível** – Walter Riso
1280. **Casados e descasados** – August Strindberg
1281. **Da Terra à Lua** – Júlio Verne
1282. **Minhas galerias e meus pintores** – Kahnweiler
1283. **A arte do romance** – Virginia Woolf
1284. **Teatro completo v. 1: As aves da noite** *seguido de* **O visitante** – Hilda Hilst
1285. **Teatro completo v. 2: O verdugo** *seguido de* **A morte do patriarca** – Hilda Hilst
1286. **Teatro completo v. 3: O rato no muro** *seguido de* **Auto da barca de Camiri** – Hilda Hilst
1287. **Teatro completo v. 4: A empresa** *seguido de* **O novo sistema** – Hilda Hilst
1289. **Fora de mim** – Martha Medeiros
1290. **Divã** – Martha Medeiros
1291. **Sobre a genealogia da moral: um escrito polêmico** – Nietzsche
1292. **A consciência de Zeno** – Italo Svevo
1293. **Células-tronco** – Jonathan Slack
1294. **O fim do ciúme e outros contos** – Proust
1295. **A jangada** – Júlio Verne
1296. **A ilha do dr. Moreau** – H.G. Wells
1297. **Ninho de fidalgos** – Ivan Turguêniev
1298. **Jane Eyre** – Charlotte Brontë
1299. **Sobre gatos** – Bukowski
1300. **Sobre o amor** – Bukowski
1301. **Escrever para não enlouquecer** – Bukowski
1302. **222 receitas** – J. A. Pinheiro Machado
1303. **Reinações de Narizinho** – Monteiro Lobato
1304. **O Saci** – Monteiro Lobato
1305. **Memórias da Emília** – Monteiro Lobato
1306. **O Picapau Amarelo** – Monteiro Lobato
1307. **A reforma da Natureza** – Monteiro Lobato
1308. **Fábulas** *seguido de* **Histórias diversas** – Monteiro Lobato
1309. **Aventuras de Hans Staden** – Monteiro Lobato
1310. **Peter Pan** – Monteiro Lobato
1311. **Dom Quixote das crianças** – Monteiro Lobato
1312. **O Minotauro** – Monteiro Lobato
1313. **Um quarto só seu** – Virginia Woolf
1314. **Sonetos** – Shakespeare
1315(35). **Thoreau** – Marie Berthoumieu e Laura El Makki
1316. **Teoria da arte** – Cynthia Freeland
1317. **A arte da prudência** – Baltasar Gracián
1318. **O louco** *seguido de* **Areia e espuma** – Khalil Gibran
1319. **O profeta** *seguido de* **O jardim do profeta** – Khalil Gibran
1320. **Jesus, o Filho do Homem** – Khalil Gibran
1321. **A luta** – Norman Mailer
1322. **Sobre o sofrimento do mundo e outros ensaios** – Schopenhauer
1323. **Epidemiologia** – Rodolfo Saracci
1324. **Japão moderno** – Christopher Goto-Jones
1325. **A arte da meditação** – Matthieu Ricard
1326. **O adversário secreto** – Agatha Christie
1327. **Pollyanna** – Eleanor H. Porter
1328. **Espelhos** – Eduardo Galeano
1329. **A Vênus das peles** – Sacher-Masoch
1330. **O 18 de brumário de Luís Bonaparte** – Karl Marx
1331. **Um jogo para os vivos** – Patricia Highsmith
1332. **A tristeza pode esperar** – J.J. Camargo
1333. **Vinte poemas de amor e uma canção desesperada** – Pablo Neruda
1334. **Judaísmo** – Norman Solomon
1335. **Esquizofrenia** – Christopher Frith & Eve Johnstone
1336. **Seis personagens em busca de um autor** – Luigi Pirandello
1337. **A Fazenda dos Animais** – George Orwell
1338. **1984** – George Orwell
1339. **Ubu Rei** – Alfred Jarry
1340. **Sobre bêbados e bebidas** – Bukowski
1341. **Tempestade para os vivos e para os mortos** – Bukowski
1342. **Complicado** – Natsume Ono
1343. **Sobre o livre-arbítrio** – Schopenhauer
1344. **Uma breve história da literatura** – John Sutherland
1345. **Você fica tão sozinho às vezes que até faz sentido** – Bukowski

lepmeditores
www.lpm.com.br
o site que conta tudo

IMPRESSÃO:

PALLOTTI
GRÁFICA

Santa Maria - RS | Fone: (55) 3220.4500
www.graficapallotti.com.br